中等职业教育"十三五"规划教材
中职中专电子商务专业创新型系列教材

网店装修实训

杜清萍　主　编

郑嘉颖　林　敏　王俊杰　副主编

科学出版社

北　京

内 容 简 介

　　本书主要包括网店装修基础知识、拍摄网店商品及图片处理、美化网店页面、网店高级装修 4 个项目，共 23 个任务，每个任务设有任务目标、任务内容、任务要求、知识准备、知识链接、实操范例、实操训练等栏目。

　　本书既可作为中等职业技术学校电子商务专业、计算机专业和跨境电子商务专业的教材，也可作为相关工作人员的参考书。

图书在版编目（CIP）数据

网店装修实训/杜清萍主编. —北京：科学出版社，2017

（中等职业教育"十三五"规划教材　中职中专电子商务专业创新型系列教材）

ISBN 978-7-03-053818-5

Ⅰ.①网…　Ⅱ.①杜…　Ⅲ.①电子商务-网站-设计-中等专业学校-教材　Ⅳ.①F713.361.2　②TP393.092

中国版本图书馆 CIP 数据核字（2017）第 139144 号

责任编辑：涂　晟　李　娜/ 责任校对：王万红
责任印制：吕春珉 / 封面设计：艺和天下

科 学 出 版 社 出版

北京东黄城根北街 16 号
邮政编码：100717

http://www.sciencep.com

三河市良远印务有限公司印刷

科学出版社发行　各地新华书店经销

*

2017 年 8 月第 一 版　　开本：787×1092　1/16
2017 年 8 月第一次印刷　　印张：12
字数：285 000

定价：32.00 元

（如有印装质量问题，我社负责调换〈良远印务〉）

销售部电话 010-62136230　编辑部电话 010-62135763-2013

前　言

中职学校电子商务专业、计算机专业和跨境电子商务专业通常在第一学期或第二学期开设"计算机应用基础"和"图形图像处理"课程。随着专业知识学习的深入，学生将学习"网店装修"这门课程。但作为一门实训课程，市面上与之相关的实训类教材却较少。因此，为了弥补这一不足，提高学生的就业竞争力和岗位适应能力，特编写了本书。

本书在编写过程中，能从中职学生的实际出发，以"实用、够用"为原则，以工作任务流程为线索。全书主要体现以下五个特点。

1）任务引领，实训为主。在每个任务开始，介绍了完成该任务的任务目标、任务内容和任务要求，从而让学生了解需完成的任务。

2）知识准备，边学边写。在介绍完成本任务所需的基本知识的同时，设计了"练一练"模块，以便让学生能够及时巩固所学的知识。

3）知识链接，拓展知识。为拓展学生的理论知识，设计了"扫一扫"和"搜一搜"模块，这些模块也可作为教师教学的参考资料。

4）实操范例，示范教学。编者以一个完整的企业网店装修案例为范例，介绍企业网店装修的全部工作流程，以便使学生学完本书后可以掌握网店装修所需的全部技能。

5）实操训练，巩固知识。实操训练由案例分析和同步实训构成，可以使学生巩固所学的理论知识，并掌握网店装修所需技能。

本书由广东省汕头市鮀滨职业技术学校杜清萍担任主编，郑嘉颖、林敏、王俊杰担任副主编，参编人员有郑嘉立、李源和唐胜。具体编写分工如下：林敏编写项目一及所有"同步实训"，杜清萍编写项目二任务一，郑嘉颖编写项目二任务二～任务四，郑嘉立编写项目三任务一～任务四，李源编写项目三任务五～任务八，唐胜编写项目三任务九～任务十一，王俊杰编写项目四及所有"实操范例"，全书由杜清萍统稿。

编者在编写本书的过程中参阅了有关著作和网站资料，并得到了广东童景生物科技有限公司使用该公司网店装修信息的授权，在此对相关人员表示真诚的感谢。

由于编者水平有限，加之在编写本书的过程中做了大胆的改革尝试，故书中不足之处在所难免，恳请广大读者批评指正。

编　者

2017 年 3 月

目　录

项目一　网店装修基础知识

任务一　认识网店装修流程

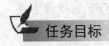

任务目标

知识目标：了解网店装修的含义、网店页面的元素和布局，认识网店装修中常用的图片格式，掌握网店装修流程。

能力目标：做好网店装修前的准备，能够对网店页面进行合理布局，掌握网店装修的流程和要点。

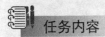

任务内容

1．完成网店页面布局。
2．完成网店装修方案。

任务要求

1．依据自己的需求，注册一个免费的相册空间。
2．依据不同店铺的主营项目确定装修的风格和布局。
3．依据网店装修流程制订装修方案。

知识准备

1．网店装修的含义

网店装修，就是将原本平淡无奇的页面通过图片、动画、文字等元素进行美化，从而使网店页面变得更生动、形象。在对店铺进行装修前，首先应该做足准备，这样才可以达到事半功倍的效果。

开网店时，要把门面装修得美观才能吸引客人。店铺给人留下的第一印象会对人的认知产生影响。对于网络店铺来说，装修更是店铺兴旺的"法宝"，对于任何物品的有

关信息我们都只能通过眼睛来获得，所以对网店进行装修更要在美观上下功夫。一般来说，经过装修设计的网络店铺特别能吸引网友的目光。

2．网店装修中常用的图片格式

（1）GIF 格式

GIF（Graphics Interchange Format，图像互换格式）是 CompuServe 公司于 1987 年开发的图像文件格式。GIF 文件的数据，是一种基于 LZW 算法的、连续色调的无损压缩格式。其压缩率一般为 50%左右，它不属于任何应用程序。目前大多数相关软件都支持它，公共领域有大量的软件在使用 GIF 图像文件。GIF 只支持 256 色以内的图像，采用无损压缩存储，在不影响图像质量的情况下，可以生成很小的文件。GIF 支持透明色，可以使图像浮现在背景之上，而且可以制作动画，这是它最突出的一个特点。

（2）JPEG 格式

JPEG（Joint Photographic Experts Group，联合图像专家小组）也是一种常见的图像格式，它由联合图像专家小组开发并被命名为"ISO 10918-1"，JPEG 仅是一个俗称。

JPEG 文件的扩展名为.jpg 或.jpeg，其压缩技术十分先进，即采用有损压缩方式去除冗余的图像和彩色数据，获得极高的压缩率，并展现十分丰富生动的图像。换句话说，就是可以用最少的磁盘空间得到较好的图像质量。

（3）PNG 格式

PNG（Portable Network Graphics，便携式网络图片）是自 20 世纪 90 年代中期开始开发的图像文件存储格式，其目的是试图替代 GIF 和 TIFF（Tagged Image File Format，标签图像文件格式）文件格式，同时增加 GIF 文件格式所不具备的特性，即 PNG 格式能够提供长度比 GIF 格式小 30%的无损压缩图像文件，同时提供 24 位和 48 位真彩图像，以及其他诸多技术性支持。PNG 格式的文件背景颜色可以是透明的。

（4）PSD 格式

PSD（Photoshop Document）是 Adobe 公司的图像处理软件 Photoshop 的专用格式。PSD 格式可以存储 Photoshop 中所有的图层、通道、参考线、注解和颜色模式等信息。在保存图像时，若图像中包含层，则一般用 PSD 格式保存。PSD 格式在保存时会将文件压缩，以减少文件占用的磁盘空间，但 PSD 格式所包含图像数据信息较多（如图层、通道、剪辑路径、参考线等），因此比其他格式的图像文件大得多。由于 PSD 文件保留所有原图像的数据信息，因此修改起来较为方便。

3．做好网店装修前的准备

在进行网店装修之前，需要做好以下几个方面的准备。

（1）确定网店装修风格

一般可以根据网店的主营项目确定装修的风格。例如，卖儿童玩具的网店可以选择可爱、活泼、卡通的风格，如果使用过于稳重的风格，显然是不太适合的。

同一种商品也可以有不同的装修风格。例如，首饰珠宝网店就可以有高贵、稳重、时尚、简约等多种装修风格，可以根据客户的喜好进行选择。

（2）收集网店装修素材

网店装修需要依靠很多图片素材完成，因此，在确定装修风格之后，就要开始寻找适合的素材。可以通过网络搜集素材，如在搜索引擎里面输入"素材"进行搜索，这种方法非常灵活。

（3）准备网店图片的存储空间

目前普通网店只支持基本图片的上传，图片的体积大小为 500KB 以内，如果店铺升级为旺铺，则可以使用 30MB 免费图片空间。因此，建议将店铺装修模板的图片、商品细节图片及商品说明等放置在自己的空间中，从而方便调用。

也可以使用免费的相册空间，如网易、雅虎中国等，这样就可以将一些商品图片上传到免费相册中进行存储。

【练一练】打开网易相册首页（图 1-1-1），注册一个免费的相册空间。

图 1-1-1 网易相册首页

4. 网店页面的元素和布局

一般网店页面的元素和布局见图 1-1-2。

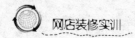

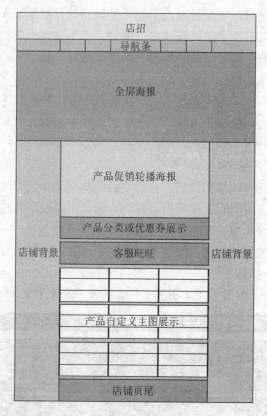

图 1-1-2 一般网店页面的元素和布局

（1）店招

店招即店铺的招牌，一般展示的内容是店铺的名称、标志、口号等，也可以展示一两张主推的产品，以及领取优惠券的设计、收藏店铺的图标（店招是店铺中唯一一个能展示各个页面的模块，所以一些重点推广信息可以设计在店招上）。店招的尺寸为950×150px（含自定义导航部分），950×120px 的导航为系统自带。

（2）导航条

导航条可分为淘宝网系统自带导航条和自定义导航条设计，主要功能是快速链接到相应的指定页面。导航条一般为所有分类首页等，还可加上会员制度、购物须知、品牌故事等，具体可根据店铺内容而定。

（3）全屏海报

全屏海报主要用于店铺重大公告、折扣优惠、主打产品推荐，让客户一进入首页就能看到店铺的重点，一般全屏海报的尺寸为 1920×600px（建议高度为 400～600px）。

（4）产品促销轮播海报

产品促销轮播海报主要用于推广产品的促销内容，可以将其做成促销海报吸引买家。设计尺寸为 950×500px（建议高度为 400～500px）。

（5）产品分类

产品分类可方便买家根据自己的需求在店铺上快速找到自己想要的产品，可分别按价格、产品功能、产品属性等进行分类。

（6）优惠券展示

优惠券是淘宝店铺优惠券的一个营销服务，起到主动营销、招揽回头客的作用。展示是通过平面图片将设计展示在店铺的首页，让买家一目了然。设计尺寸为 950×200px。可以登录"卖家中心"→"营销中心"→"促销管理"→"店铺优惠券"查看。

（7）客服旺旺

客服旺旺是实现买家与店家沟通的软件，将其设计在首页上可方便买家联系店家。

（8）产品自定义主图展示

产品自定义主图展示指通过平面图片展示产品设计，更能突出产品的性价比，更能将其融入店铺的风格里，极大地提升产品的视觉展示效果（此非淘宝网系统宝贝推荐的"豆腐块"式的产品展示）。

（9）店铺页尾

店铺页尾主要展示的内容为快递包装物流、售后服务等，尺寸为 950×300px。

（10）店铺背景

在店铺的风格中，店铺背景占据了大部分，其主要设计内容有店铺的背景图片、店铺手机二维码或重要的折扣信息。

【练一练】打开一个商城的首页，对该网店首页的布局进行分析。

5. 网店装修流程

1）设计店铺装修的草图，根据经营店铺的类目特点、适合人群、销售特点等来设计。

2）利用绘图软件进行常规的图片设计处理（需要具有一定的设计能力及平面基础知识）。

3）结合 HTML 代码编制出装修代码，将其安装到店铺进行首次调试，并对结果进行评估和修改。

4）店铺装修完后开始使用，后期可以对装修进行整改升级优化等。

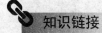 知识链接

【扫一扫】扫一扫二维码，提升网店装修技能，包括色彩的运用、网店布局设计的原则与要求。

【搜一搜】在搜索引擎中输入关键词"网店视觉设计"，学习相关知识。

提升网店装修技能

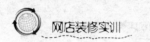

实操范例

【业务背景】童景生物科技有限公司的技术员小王按照公司电商推广的计划，准备将公司产品放到淘宝网进行推广，但是小王对淘宝网并不熟悉，于是，他查找了大量的资料，基本了解了淘宝店装修的流程。

【实操步骤】

1）打开淘宝网首页，见图 1-1-3。

图 1-1-3　淘宝网首页

2）选择"卖家中心"→"店铺管理"→"店铺装修"选项，见图 1-1-4，进入"店铺装修"页面。

3）进入"布局管理"页面，根据需要调整页面，见图 1-1-5。完成后，单击"备份"按钮。

4）进行店铺页头设置，主要有导航、招牌（一个店铺最显眼的位置，很重要），页面设置见图 1-1-6，背景颜色设置见图 1-1-7 等，设置好后，单击"备份"按钮。

图 1-1-4 "店铺装修"页面

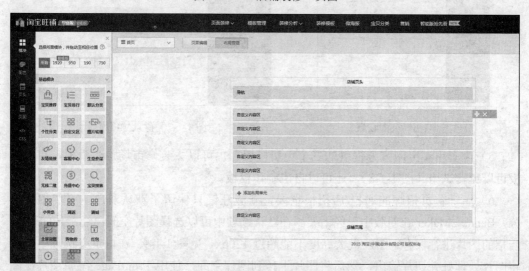

图 1-1-5 "布局管理"页面

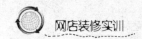

图 1-1-6　页面设置　　　　　　　　　　　　　图 1-1-7　背景颜色设置

　　5）可套用淘宝网官方提供的三个免费模板，也可以去装修市场购买模板，有的模板可以免费试用（图 1-1-8），还可以自己制作模板。

　　6）店铺首页招牌的通栏/店招很重要，新版旺铺只保留了默认及自定义店招两部分，Banner Maker 在新版中已经下架。在默认选项中可以选择图片空间已经上传的通栏/店招的图片进行保存，图片最大高度不能超过 120px，见图 1-1-9。在自定义选项中可以将图片处理好并切片输出，然后将图片上传到图片空间，使用 FrontPage 编辑图片在图片空间的地址，最后将代码粘贴到自定义窗口中保存即可，见图 1-1-10。

图 1-1-8 装修市场

图 1-1-9 设置图片高度

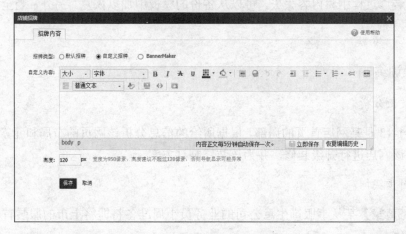

图 1-1-10 保存"自定义招牌"

7)"分类管理"装修中产品的分类很重要,合理的分类能够让客户得到更好的体验,见图 1-1-11。

网店装修实训

图 1-1-11　分类管理

8）"宝贝管理"装修中宝贝是网店的灵魂。没有宝贝的网店是不可能有生命力的。"宝贝管理"页面如图 1-1-12 所示。一般来讲，宝贝管理装修包括拍摄、抠图、合成、生成、发布、调整等步骤。

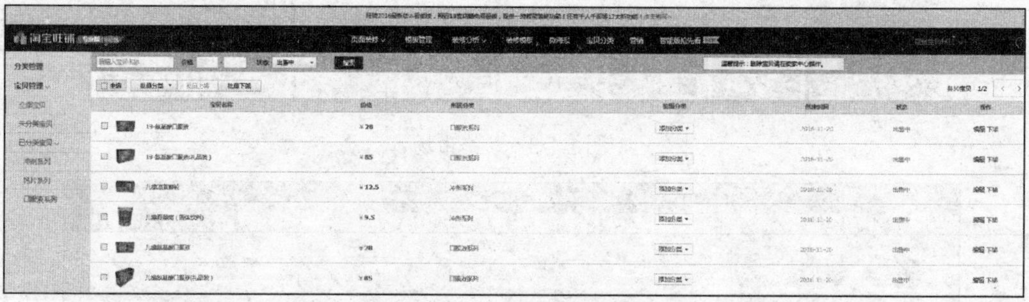

图 1-1-12　宝贝管理

如果装修过程中将内容丢失，可以从备份的模板中加以恢复。另外，当全部装修完成后记得发布。

实操训练

1. 案例分析

图 1-1-13 是某网店首页的局部，根据所给的信息分析该网页的布局和元素，同时探讨如何为该网店进行升级装修，并为该装修制订方案。

2. 同步实训

【业务背景】某从事服饰生意公司的业务员小周准备将即将上市的服装首饰进行网上推广销售。

【实训要求】按照网店装修的流程，小周需要先申请一个相册空间，并制订装修方案。

【实训说明】

1）依据自己的需求，在网上注册一个免费的相册空间。

2）为某品牌女装网上店铺定制网店页面装修的风格和布局。

3）依据网店装修流程，制订某品牌女装网上店铺的装修方案。

图 1-1-13　某网店首页的局部

任务二　认识网店装修常用工具

 任务目标

知识目标：了解 Adobe Photoshop CS 和 Adobe Fireworks CS6。

能力目标：掌握 Adobe Photoshop CS 和 Adobe Fireworks CS6 的区别。

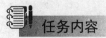 任务内容

熟练操作 Adobe Photoshop CS 和 Adobe Fireworks CS6，熟悉 Photoshop 的应用。

任务要求

熟练运用网店装修常用工具。

知识准备

1. Adobe Photoshop CS

Adobe Photoshop CS（图 1-2-1）是 Adobe 公司推出的一款平面设计软件，也是 Adobe 公司的核心产品。Photoshop CS 提供了简洁的工作界面和丰富实用的功能，其工作界面由标题栏、工具箱、菜单栏、属性栏和选项面板组成，工具包括移动工具、魔棒工具、钢笔工具、渐变工具、套索工具等，滤镜包括像素化、扭曲、杂色、模糊、渲染、画笔描边、素描、纹理、艺术效果、锐化、风格化、其他。Photoshop CS 是 Photoshop 7.0 的后继产品，CS 的意思是 Creative Suit。与前面几代产品相比，Photoshop CS 更具有创造性，在实际设计过程中更能激发设计者的创新能力，能更快地进行设计，并提高图像质量。特别是对于摄影师来讲，Photoshop CS 大大突破了以往 Photoshop 系列产品更注重平面设计的局限性，增强了对数码暗房的支持。

图 1-2-1　Adobe Photoshop CS

Photoshop CS 主要应用在平面效果设计、图像编辑及修复、广告设计、摄影处理、影视及卡通制作、建筑效果设计、网络图像制作方面。

2. Adobe Fireworks CS6

Adobe Fireworks CS6（图 1-2-2）是专业的网页图片设计、制作与编辑软件。它不仅可以制作出各种动感的 GIF、动态按钮、动态翻转等网络图片，而且可以实现大图切割，使网页在加载图片时，显示速度更快。Adobe Fireworks CS6 在短时间内制作出的精美的矢量和点阵图、模型、3D 图形和交互式内容，无须编码，便可直接应用于网页和移动应用程序。Adobe Fireworks CS6 更是利用 jQuery 支持制作移动主题，从设计组件中添加 CSS Sprite 图像；为网页、智能手机和平板计算机应用程序提取简洁的 CSS3 代码；利用适用于 Mac OS 的增强的重绘性能和适用于 Windows® 的内存管理，大大提高工作效率；利用增强型色板快速更改颜色。

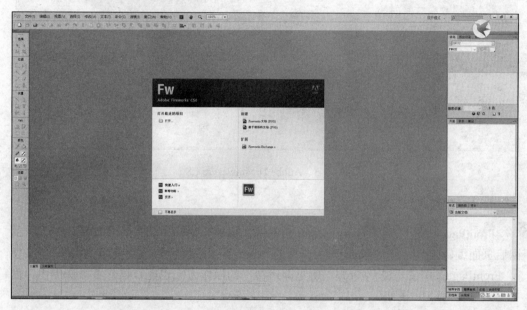

图 1-2-2　Adobe Fireworks CS6

Adobe Photoshop CS、Adobe Fireworks CS6 两者的区别在于：Photoshop CS 是平面多用类的软件，可以上色和修图，并且其滤镜功能较 Fireworks CS6 强大得多。Fireworks CS6 多用于网店页面制作的切图和 GIF（动态小图）制作，也可以画矢量图。如果具有 Word 方面的基础知识，使用 Fireworks CS6 将会非常简单，因为两个软件的许多快捷键都是相同的。对于制作网店页面图像和动画方面的文件，该软件是入门软件。

3．Adobe Dreamweaver CS6

Adobe Dreamweaver CS6（图 1-2-3）是 Adobe 公司的网店页面编辑工具，或称网店页面排版软件。Dreamweaver CS6 支持 DHTML，可以设计出很多炫目的网店页面特效。插件式的程序设计使其功能无限扩展。Dreamweaver CS6 与 Flash CS6、Fireworks CS6 并称为 Adobe 的网页制作"三剑客"。由于三者是同一公司的产品，因此在功能上有着非常紧密的关系。而 Dreamweaver UltraDev 更支持 ASP、JSP。

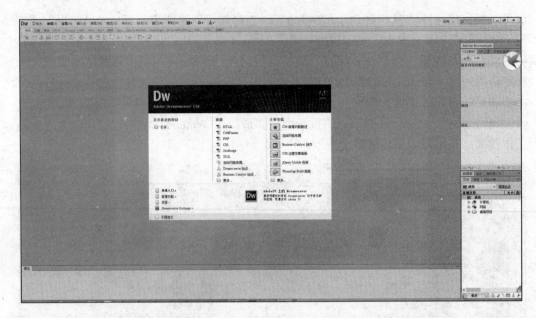

图 1-2-3　Adobe Dreamweaver CS6

4. FrontPage

　　FrontPage（图 1-2-4）是 Microsoft 出品的，可能是最简单、最容易却又功能强大的网店页面编辑工具。FrontPage 采用典型的 Word 界面设计，一般会使用 Word，就会使用 FrontPage。即使不懂 Word，"所见即所得"的操作方式也能让操作者很快上手，而且无须学习 HTML 语法。

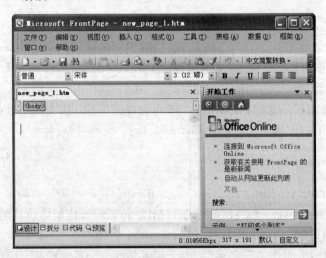

图 1-2-4　FrontPage

Dreamweaver 和 FrontPage 都是专业的网店设计、制作和编辑软件。其区别是，FrontPage 相对比较简单，Dreamweaver 做框架和 ASP 动态功能比较强大。很多网页设计人员采用多种软件，如先使用 FrontPage 做大体设计，然后使用 Dreamweaver 等做细微的调整。

知识链接

【扫一扫】扫一扫二维码，提升对 Photoshop CS6 新增特性的认识。

【搜一搜】在搜索引擎中输入关键词"为 Dreamweaver 设置 PHP 开发环境"，学习相关知识。

Photoshop CS6 的新特性

实操范例

【业务背景】童景生物科技有限公司技术员小王按照公司电商推广的计划，准备将公司产品放到淘宝网进行推广，小王已经掌握淘宝网装修的基本流程，但是网店中涉及代码的装修，要用什么工具才能更好地编辑代码呢？小王通过对比，选择了 FrontPage 2003 来编辑代码（图 1-2-5）。

图 1-2-5 编辑代码

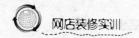

【实操步骤】

1）若配套 FrontPage，可以通过在搜索引擎中搜索"FrontPage 2003"，找到下载地址并下载安装（安装过程中如果出现错误，选择"忽略"提示即可）。

2）打开 FrontPage（图 1-2-6）软件页面，执行"文件"→"新建"命令或者是新建空白文本档。

图 1-2-6 FrontPage 页面

3）如果要插入一个表格，可以执行"表格"→"插入"→"表格"命令（图 1-2-7），弹出"插入表格"对话框（图 1-2-8），设置表格样式。

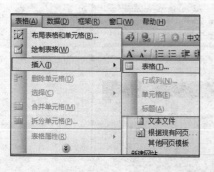

图 1-2-7 插入一个表格

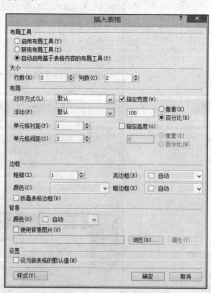

图 1-2-8 "插入表格"对话框

4）如果对表格进行属性设置，可以选中表格，右击，在弹出的快捷菜单中执行"单元格属性"命令，即可弹出"单元格属性"对话框（图1-2-9）（使用 Dreamweaver 软件可直接设置属性）。

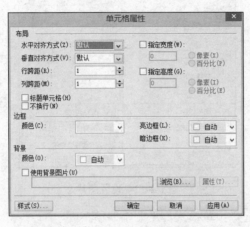

图 1-2-9　"单元格属性"对话框

5）如果通过布局来规划网站，可以执行"表格"→"布局表格和单元格"命令（图 1-2-10），在弹出的右边导航栏处单击"插入布局表格"或者"插入布局单元格"，再将左边的编辑模式设置成"设计"，然后编辑页面会出现一个框，此时即可改变框的大小（图 1-2-11）。

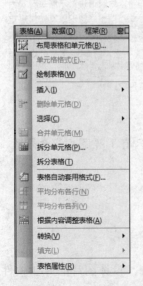
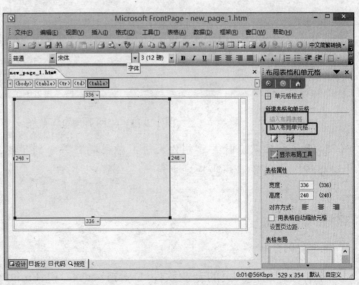

图 1-2-10　布局表格和单元格　　　　图 1-2-11　通过布局规划网站

17

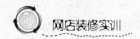

6）设置表头、表中、底部等时插入表格或者添加图片、文字即可（图1-2-12）。

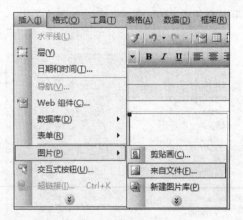

图 1-2-12　设置图片

7）制作完成后，选择预览模式，见图1-2-13。

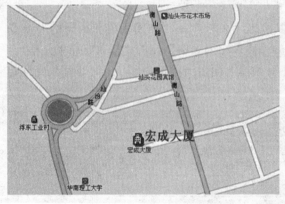

图 1-2-13　"网页预览"截图

说明： 制作网页时需要制作人对基础代码有一定的了解，只有了解了才能看得懂、才能分析，建议多看一些基础书籍。

实操训练

1. 案例分析

分别打开制作网页的专业软件 Dreamweaver 和 FrontPage，设计图片的专业软件 Photoshop CS 和 Fireworks CS6，熟悉各个软件的操作界面及功能菜单的分布情况。

2．同步实训

【业务背景】业务员小周要根据新服饰的特点，使用网页设计和图像处理等软件工具对网店进行装修。

【实训要求】根据网店装修的软件工具，要先了解各种主流网店装修工具的功能及特点。

【实训说明】

1）比较制作网页的专业软件 Dreamweaver 和 FrontPage 功能的区别。

2）比较设计图片的专业软件 Photoshop CS 和 Fireworks CS6 功能的区别。

任务三　认识网店装修后台

任务目标

知识目标：认识网店装修后台的操作界面和功能分布。

能力目标：掌握网店后台的基本设置。

任务内容

1．认识网店装修后台的入口。

2．掌握网店装修后台的基本操作。

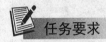

任务要求

完成网店后台的基本配置。

知识准备

1）打开淘宝网首页，进入"卖家中心"，见图 1-3-1。

2）网店后台的基本设置分为四个部分，包括外观风格设计、招牌设置、橱窗推荐和首页商品展示区设置。"卖家中心"页面后台店铺管理见图 1-3-2。

图 1-3-1　卖家中心

图 1-3-2　店铺管理

①　外观风格设计。店铺风格决定了店铺给人留下的直观印象，因此选择一个合适的店铺风格很重要。网店为卖家提供了几款免费的网上店铺风格模板，卖家可以根据所出售的宝贝来选择合适的店铺风格，见图 1-3-3。

图 1-3-3　外观风格设计

②　招牌设置。网店招牌相当于现实中的店铺招牌，无论顾客进入店铺的哪个页面，招牌都存在。设计一个好的招牌，让进店的顾客记住，是需要卖家认真把握的，见图1-3-4。

图 1-3-4　招牌设置

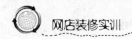

③ 橱窗推荐。它显示的是店铺中最重要的产品。每个店铺都有几个比较重要的产品，橱窗推荐就是将这些重要的产品作为优质宝贝，使其在店铺里很容易被顾客发现，见图 1-3-5。

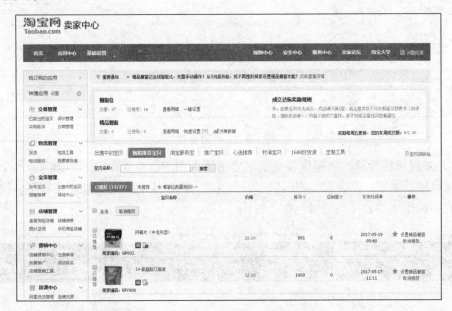

图 1-3-5　橱窗推荐

④ 首页商品展示区设置，见图 1-3-6。发布宝贝后就要经常管理自己的店铺。例如，把宝贝放在店铺的哪个位置，这就需要精心设计。一个好的店铺设置会给人一种和谐舒适的感觉。

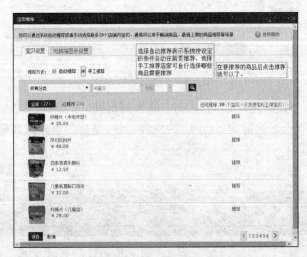

图 1-3-6　首页商品展示区

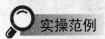

知识链接

【扫一扫】扫一扫二维码，了解自定义页面设置步骤。

【搜一搜】在搜索引擎中输入关键词"网店图片管理"，学习相关知识。

自定义页面的设置步骤

实操范例

【业务背景】童景生物科技有限公司的技术员小王按照公司电商推广的计划，准备将公司产品放到淘宝网进行推广。小王已经掌握淘宝网装修的基本流程，在学习过程中感觉各种网店的后台大同小异。

【实操步骤】旺铺后台主要分为三个区域，即菜单区、左侧工具栏、装修编辑区。每个区域都有相应的子项可以进行设置。可以在以下区域中单击进入相应的子项进行操作，在网店的后台中可以使用拖动的方式进行操作。

1）菜单区，包括页面装修、模板管理、装修分析、装修模块、微海报、宝贝分类、营销等，见图1-3-7。

| 页面装修 ∨ | 模板管理 ∨ | 装修分析 ∨ | 装修模板 | 微海报 | 宝贝分类 | 营销 | 智能版抢先看 NEW |

1-3-7　菜单区

2）左侧工具栏，见图1-3-8。

图1-3-8　左侧工具栏

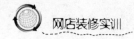

3）装修编辑区，见图 1-3-9。

图 1-3-9　装修编辑区

 实操训练

1. 案例分析

打开天猫商城首页，找到天猫商城后台的入口，并登录天猫商城管理后台，查看天猫商城卖家中心的功能。

2. 同步实训

【业务背景】业务员小周要根据新服饰的特点对网店进行装修，需要使用网店后台的管理功能。

【实训要求】根据网店装修的流程，要先了解各种主流网店后台的管理功能及特点。

【实训说明】

1）找到天猫商城网店后台的入口。

2）了解天猫商城网店后台的基本操作。

项目二　拍摄网店商品及图片处理

任务一　拍摄商品

任务目标

知识目标：了解照相机光圈、快门、感光度等参数，领会商品拍摄角度的含义，了解商品拍摄光源的含义，理解网店商品的材质特点，掌握商品拍摄构图的要点。

能力目标：能够对商品进行有效构图，能够正确调整拍摄角度、摄影光源、摄影背景布局，以及光圈、快门、感光度等，拍摄出适用于网店的商品照片。

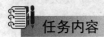

任务内容

1．完成反光材质商品的拍摄。

2．完成吸光材质商品的拍摄。

任务要求

1．依据不同材质的商品选择相应的灯光布局。

2．依据不同商品的形状选择相应的摄影构图。

3．依据拍摄的目的采用相应的拍摄角度及光圈、快门等进行拍摄。

知识准备

1．照相机参数

照相机的基本参数通常是指光圈、快门、感光度和像素。

（1）光圈

光圈是用来控制光线透过镜头进入机身内感光量的装置，通常用 F 表示，如 F1、F1.4、F2、F2.8、F4、F5.6、F8、F11、F16、F22、F32、F44、F64。F 值越小，进光量越多。例如，光圈从 F11 调到 F8 时进光量要多一倍。

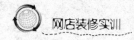

（2）快门

快门是照相机上控制感光片有效曝光时间的装置，可有如下多种设置：1s、1/10s、1/15s、1/30s、1/60s、1/100s、1/200s、1/400s、1/800s、1/1000s、1/2000s。

（3）感光度

感光度（ISO）是指 CCD 或 CMOS 感光元件的感光速度。ISO 数值越大，感光度越高。ISO 在光线较暗时可以起到补光的作用，但 ISO 数值越大，底片颗粒也越大，即清晰度不高。

（4）像素

像素是指基本原色素及其灰度的基本编码，是构成数码影像的基本单元。通常以像素每英寸（Pixels Per Inch，PPI）为单位来表示影像分辨率的大小。例如，300×300PPI分辨率，即表示水平方向与垂直方向上每英寸长度上的像素数都是 300，也可表示为 1平方英寸（1 英寸≈2.54 厘米）内有 9 万像素（300×300px）。像素越高，画面越细腻，与 ISO 相反。

2. 光圈、焦距、对焦距离与景深及其之间的关系

焦距是指从透镜中心到光聚集的焦点之间的距离；对焦距离是指能够对被摄物体合焦的最短距离；景深是指被摄物体产生较为清晰形象的最近点与最远点的距离。光圈、焦距、对焦与景深之间的关系：光圈越大则景深越小，而光圈越小则景深越大；对焦焦距越长则景深越小，而焦距越短则景深越大；对焦距离越近则景深越小，而对焦距离越远则景深越大。

【练一练】采用不同的光圈、快门、感光度与拍摄距离，用照相机分别在室内与室外拍摄一组四张照片，导出后执行"属性"命令查看光圈、快门、焦距、感光度等参数，然后观察这组照片拍摄的不同效果。

3. 拍摄角度

拍摄角度包括拍摄方向、拍摄距离和拍摄高度。

（1）拍摄方向

拍摄方向通常分为正面角度、斜侧角度、侧面角度、反侧角度、背面角度。正面角度拍摄的构图形象比较端庄、稳重，斜侧角度拍摄的构图能体现被摄物体的形象特征且丰富多样，侧面角度拍摄的构图能体现被摄物体的侧面形象，反侧角度拍摄的构图能达到出其不意的效果；背面角度拍摄的构图能达到剪影的拍摄效果。

（2）拍摄距离

拍摄距离指照相机和被摄物体间的距离，可分为特写、近景、中景、全景和远景。特写是指体现主体的局部和细节；近景是指描述和表现主体本身（约 1/3），画面简洁集中，主体形象丰满、充实；中景既能突出主体（约 1/2），又能适当表现环境；全景是指

体现主体的全部及其所处的环境；远景没有具体的主体和陪体的区别，表现的是总体的效果。

（3）拍摄高度

拍摄高度可分为平摄、仰摄、俯摄、顶摄、倒摄和侧反拍摄。平摄又可分为正面、侧面和斜面三种，可以体现主体的特征，不会产生变形，画面显得端庄，构图具有对称美；仰摄使主体显得更加高大雄伟；俯摄表现浩大的场景，但主体有压缩之感；顶摄能把一些富有表现力的主体造型拍成构图精巧的画面；倒摄能体现主体的底部特征；侧反拍摄能体现主体侧后方的特征。

【练一练】采用不同的拍摄角度（拍摄方向、拍摄距离和拍摄高度）拍摄一组四张照片，然后观察这组照片拍摄的不同效果。

4. 拍摄光源

拍摄光源可分为自然光源和人造光源。从色调上来看，又可分为暖色调和冷色调；从光源的角度来看，可分为顺光、逆光、侧光、侧逆光、顶光、脚光。在拍摄时可以采用混合光源、冷暖光源进行拍摄。顺光比较平淡，逆光和侧逆光能增加层次感，顶光与脚光的运用也可以使其达到特定的拍摄效果。

【练一练】采用不同的拍摄光源拍摄一组四张照片，然后观察这组照片拍摄的不同效果。

5. 商品材质

商品材质可分为吸光、反光和透明三类。吸光类商品具有粗糙的表面结构，拍摄时采用稍硬的光线照明，以侧光、侧逆光为主，使商品的表面出现明暗起伏的结构变化，增加立体感；反光类商品表面结构光滑如镜，具有强烈的单向反射能力，拍摄时采用柔和的散射光线进行照明，使色调更加丰富，从而表现出光滑的质感；透明类商品既有反光特性，也有透光特性，拍摄的时候要采用侧光、侧逆光和脚光照明，使其呈现出不同的光感，来表现清澈透明的质感。

【练一练】选择三种不同材质的商品，运用恰当的光源，必要时可使用反光板进行补光，拍摄一组三张照片，然后观察这组照片拍摄的不同效果。

6. 拍摄构图

常见的拍摄构图有三种，即平衡式构图、对角线构图和九宫格构图。

（1）平衡式构图

平衡式构图包括平行构图与垂直构图，平行线条给人带来画面的稳定感，特别适合对称的构图关系；而垂直线条给人带来画面的高大和纵深感。平衡式构图简单易懂、易于掌握，但画面呆板、缺少变化。

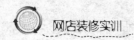

（2）对角线构图

对角线构图是指把主题安排在对角线上，有立体感、延伸感和运动感。对角线构图简单易懂、易于掌握，但画面呆板、缺少变化。

（3）九宫格构图

九宫格构图称为黄金分割法构图或三分法构图，是将被摄主体置于"九宫格"交叉点的位置上，即"井"字的四个交叉点或附近，即主体的最佳位置，能突出画面中心。这种画面构图对于横画幅和竖画幅都适用，表现鲜明，构图简练。

【练一练】运用平衡式构图、对角线构图和九宫格构图，以及恰当的光圈、快门、光源及合适的拍摄角度，必要时可使用三脚架来稳定照相机，用反光板进行补光，拍摄一组四张照片，然后观察这组照片拍摄的不同效果。

 知识链接

【扫一扫】扫一扫二维码，提升拍摄技能，包括高速拍摄、低速拍摄、追随拍摄、爆炸拍摄、倒影拍摄与假倒影拍摄等技巧。

【搜一搜】在搜索引擎中输入关键词"拍摄构图""摄影装饰性用光"，学习相关摄影知识，以提升摄影技能。

提升拍摄技能

 实操范例

【业务背景】童景生物科技有限公司的技术员小王按照公司电商推广的计划，对准备在网上推广的保健品之一——红糖老姜茶（图2-1-1）进行拍照，为后续工作做准备。

图 2-1-1 红糖老姜茶

【实操步骤】

1）准备摄影器材：①用一块纯色背景布（蓝色或白色）或者一张白纸做背景；②两盏无影灯或两盏白色的台灯；③专业摄影平台或普通平台。

2）将产品置于纯色或白色背景前面。

3）调整灯光的角度（45°），注意移动灯光距离，消除多余的阴影。

4）拍摄角度采用小角度的俯拍，最好拍出三个面。

5）使用照相机或手机进行拍照，拍照时选择对焦部分，直到拍摄出比较满意的照片。

实操训练

1. 案例分析

图 2-1-2 是一张橙汁的照片，使用手机拍摄，光圈 F2.2，快门 1/20s，感光度 70。根据所给的拍摄信息，观察照片，运用本任务所学知识分析图 2-1-2 拍摄的角度、光源、距离、构图等技巧，同时探讨避免玻璃杯的不必要的反光及倒影是如何拍摄的。

图 2-1-2　橙汁

2. 同步实训

【业务背景】某经营枸杞产品的公司的业务员小李，准备将即将上市的枸杞进行网上推广，按照公司安排，先对样品（图 2-1-3）进行拍照。

图 2-1-3　样品

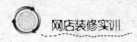

【实训要求】根据网上推广的要求，需要拍摄一张主图和至少四张细节图。

【实训说明】

1）拍摄既可以在专业摄影棚内进行，也可以在自己制作的简易摄影棚内进行，需要单色背景。

2）拍摄主图时应调整灯光角度，避免塑料包装上不必要的反光。

3）拍摄细节图时可以将枸杞取出一部分用适当的容器盛放，或摆放成合适的造型进行拍摄。

4）可用专业照相机拍摄，同时使用三脚架；也可以使用手机拍摄，应注意拍摄的步骤：布光→构图→对焦→拍摄。

任务二　调整照片尺寸

 任务目标

知识目标：了解网店装修设计中常见的图片参数，了解如何使用 Photoshop 查看和修改图像大小，并对图像进行裁剪调整。

能力目标：掌握使用 Photoshop 查看和修改图像大小的方法，并能够根据设计意图对图像进行裁切调整。

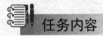 任务内容

使用 Photoshop 完成商品图像的尺寸调整及裁切调整。

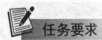 任务要求

1. 依据网店装修需要查看和修改图像的大小。
2. 依据网店装修需要对商品图像进行裁切调整。

 知识准备

1. 网店装修设计中常见的图片参数

各个电子商务平台因其使用技术不同，对网店装修所使用图片的尺寸都有自己的标准。表 2-2-1 以淘宝网为例，对网店装修常用图片尺寸做简单介绍，供学习者参考。

表 2-2-1　网店装修常用图片尺寸

店标	最佳尺寸为 80×80px（宽×高）
店铺招牌	最佳尺寸为 950×118px
导航	最佳尺寸为 950×32px
宝贝主图	尺寸为（800×800px）～（1200×1200px），模特正面图尺寸为 800×1200px
旺旺头像	最佳尺寸为 120×120px
图片轮播	尺寸与店铺具体布局有关。高度可根据卖家需要自行设定（100～600px）。宽度如果是通栏布局，则为 950px；如果是两栏布局，则为左侧栏 190px，右侧栏 750px
详情页图片	一般宽度为 750px，高度随意（天猫商城详情页的宽度为 190px）

2．使用 Photoshop 查看和修改图像大小

由于数码拍摄设备（照相机、手机）功能大幅提升，其拍摄的图像通常尺寸较大，不能直接应用于网店中，需要借助图像编辑工具修改其大小。借助 Photoshop 打开图像后，可以查看图像的尺寸信息，也可以对其进行修改。

操作步骤：在 Photoshop 中打开图 2-2-1，执行"图像"→"图像大小"命令，见图 2-2-2，弹出"图像大小"对话框，查看图像大小，见图 2-2-3。在该对话框中可以通过修改"像素大小"选项区域对宽度和高度进行修改。

图 2-2-1　"牙刷"图

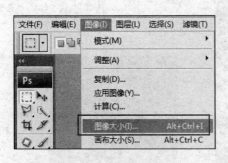

图 2-2-2　执行"图像大小"命令

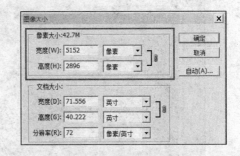

图 2-2-3　"图像大小"对话框

【练一练】使用"图像大小"命令把图 2-2-1 的像素修改为 1200×675px。

3. 使用 Photoshop 对图像进行固定尺寸裁切

网店商品主图通常为正方形［淘宝网官方建议是（800×800px）～（1200×1200px）］，而用数码工具拍摄的图像尺寸通常为 4∶3 或 16∶9，因此需要借助 Photoshop 对图像进行裁切。操作步骤如下。

步骤 1：打开图 2-2-1，选择裁剪工具（或按 C 键），见图 2-2-4，在选项栏中输入主图的尺寸（宽 800px，高 800px）。

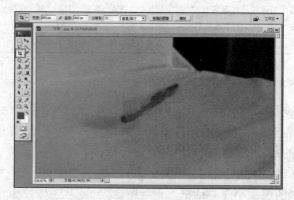

图 2-2-4　裁剪

步骤 2：将鼠标指针移动至图像区域，当出现裁剪工具图标时，单击确定起点，然后沿对角线拖动出需要裁剪的区域，松开鼠标左键后仍然可以使用鼠标左键拖动裁剪区域调整位置，也可以使用鼠标左键拖动裁剪区域的四个顶点调整裁剪区域的大小，见图 2-2-5。

步骤 3：调整好裁剪区域后，按 Enter 键（或右击，在弹出的快捷菜单中执行"裁剪"或"取消"命令）进行图像裁剪，效果见图 2-2-6。

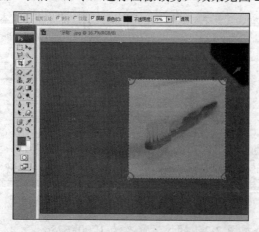

图 2-2-5　拖动四个顶点

图 2-2-6　效果图

【练一练】参照以上步骤，对图 2-2-7 按照网店主图要求进行裁剪。

图 2-2-7　储钱罐

4. 使用 Photoshop 裁剪校正倾斜图像

当拍摄的照片角度倾斜时，也可以借助裁剪工具进行校正。操作步骤如下。

步骤 1：打开图 2-2-8，可以看出拍摄的产品有明显的倾斜。

步骤 2：单击"清除"按钮，将之前设定的固定值去掉，然后用裁剪工具拖动出调整框，见图 2-2-9。

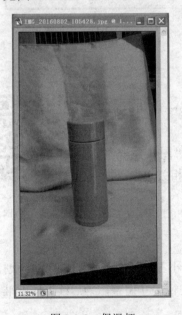

图 2-2-8　保温杯

图 2-2-9　拖动出调整框

步骤 3：将鼠标指针移动到调整框四个顶点的任意一处，当鼠标指针变成双向弯曲箭头时，按住鼠标左键对调整框进行旋转，使调整框的倾斜角度与产品吻合，见图 2-2-10。

步骤 4：调整好裁剪区域后，按 Enter 键（或右击，在弹出的快捷菜单中执行"裁剪"或"取消"命令）进行图像裁剪，效果见图 2-2-11。

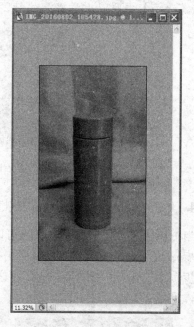

图 2-2-10　旋转调整框　　　　　　　　图 2-2-11　效果图

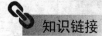 知识链接

【扫一扫】扫一扫二维码，学习像素、图像的分辨率相关知识，以及裁剪并校正透视变形图像的方法。

【搜一搜】在搜索引擎中输入关键词"像素""图像分辨率""图像格式""Photoshop 裁剪工具"等，学习相关知识，并提升 Photoshop 图像调整的技能。

要掌握的像素、图像等知识

 实操范例

【业务背景】童景生物科技有限公司的技术员小王按照公司电商推广的计划，对准备在网上推广的产品之一——红糖老姜茶的图像进行尺寸调整，为后续工作做准备。

【实操步骤】

1）打开宝贝图片文件，见图 2-2-12。

2）将图片存储为 Web 所用格式，见图 2-2-13。

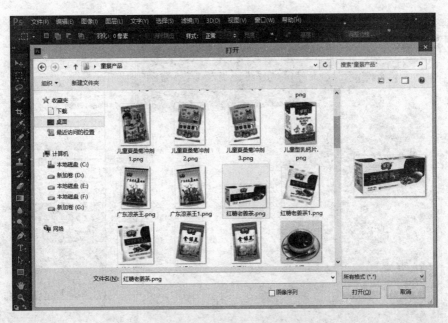

图 2-2-12 打开宝贝图片

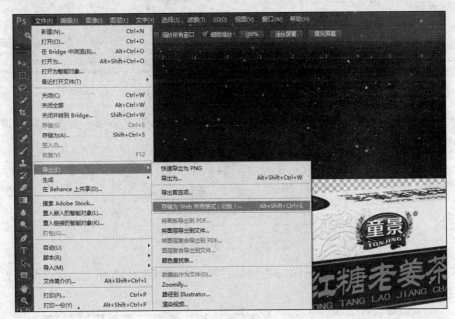

图 2-2-13 存储为 Web 所用格式

3）在弹出的"存储为 Web 所用格式"对话框中选择 PNG-24 格式，见图 2-2-14 也可以选择 JPEG。

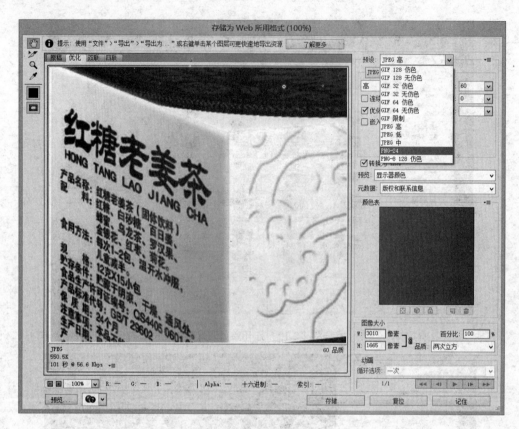

图 2-2-14 选择 JPEG 或 PNG-24 格式

4）通过对图像大小进行调整来改变文件的大小，见图 2-2-15，但不能将图像改得太小，一般宝贝的大小不能小于 300×300px。

图 2-2-15 调整图像大小

5）单击"存储"按钮，见图 2-2-16，在弹出的对话框中选择文件保存的位置及保存的文件名，见图 2-2-17。

图 2-2-16 单击"存储"按钮

图 2-2-17 保存文件

6）进行修改前后的对比，见图 2-2-18。

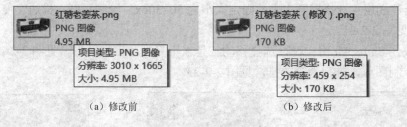

（a）修改前　　　　　　　　　　　（b）修改后

图 2-2-18 修改前后对比

实操训练

1. 案例分析

前面已经学习了三种调整图像尺寸的方法，现在观察并分析图 2-2-19，思考如何在调整图像尺寸的同时实现对透视变形图像的校正，效果见图 2-2-20。相关技巧可参考本任务的知识链接。

图 2-2-19　纪念品扑克

图 2-2-20　效果图

2. 同步实训

【业务背景】按照网店装修的流程，业务员小周依据网店装修需要，要修改网店图像的大小。

【实训要求】依据网店装修需要对背景图片进行制作及调整。

【实训说明】

用 Photoshop 制作各种图片素材，并进行整页效果的设计，以便在 Dreamweaver 中进行设计制作。

（1）制作背景图片

1）新建一个 90×90px 的文件，填充浅灰色（#e8e8e8）。

2）新建图层，选择椭圆工具，固定大小为 30×30px，绘制正圆，描边宽度 1px，颜色白色，见图 2-2-21。

3）按住 Shift+Alt 组合键，选择移动工具水平复制和移动圆形，见图 2-2-22。

4）复制图形，排列为第二排，见图 2-2-23。

图 2-2-21　绘制正圆

图 2-2-22　水平复制和移动圆形

图 2-2-23　再次复制

5）添加水平参考线，见图 2-2-24。

6）分别合并上下各个圆形，选择矩形选框工具删除多余部分，见图 2-2-25。

7）合并圆形图层，再复制平铺整个背景画面，见图2-2-26。

图2-2-24 添加水平参考线 图2-2-25 合并图形并删除多余部分 图2-2-26 复制整个背景画面

8）将图案命名为"bg1"。

（2）设计整页背景

文件大小为1200×90px。步骤：①新建一个1200×90px的文件，填充图案"bg1"；②新建图层，用辅助线取中心线，矩形选框大小为950×90px，居中，填充白色，添加图层样式阴影，角度为90°，效果见图2-2-27。

图2-2-27 效果

任务三 照片抠图

 **任务目标**

知识目标：了解Photoshop选区工具的工作原理、适用范围、操作步骤，了解Photoshop抠图的工作思路及流程。

能力目标：掌握使用Photoshop选区工具对商品照片进行抠图的技术要领，能够合理运用Photoshop选区工具完成商品照片的抠图。

任务内容

使用Photoshop完成商品图像的抠图。

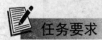 **任务要求**

1．依据不同商品图像的特点选择合适的选区工具。

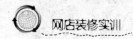

2．依据网店装修需要对商品图像进行抠图及背景置换。

 知识准备

1．Photoshop 抠图的工作思路及流程

1）观察图像特点（表 2-3-1），选择合适的 Photoshop 选区工具进行抠图。

表 2-3-1　图像特点及选区工具

图像特点	选区工具
背景单一、商品与背景对比明显、边缘清晰整齐	魔棒工具、快速选择工具
边缘整齐、外观为直线形或较少圆弧形	多边形套索工具
边缘较为整齐	钢笔工具
边缘零散、蓬松、不规则	借助通道绘制选区

2）使用选区工具为商品（或背景）绘制选区，选区中的图像可以被编辑，选区外的图像则不可以被编辑。

3）根据网店装修需要，通过使用选区对图像进行包括抠图在内的调整修饰。

2．初学者的首选工具（魔棒工具、快速选择工具）

1）适用范围：背景比较单一、商品与背景对比明显、商品边缘比较清晰整齐的图像。

2）工具特性：快速且自动化是此类工具的特点，但此类工具面对背景颜色复杂、商品与背景对比不明显的图像时通常无法有效判断，容易误选。

3）使用原理：在图像中点选或连续点选取样，计算机通过"容差"属性自动判断，容差值越大则选取相近图像的范围越大，反之越小，从而实现对图像的快速选择，最终完成商品图像抠图。

4）操作步骤示范。

步骤 1：打开图 2-3-1，选择魔棒工具（或按 W 键），将属性栏中的"容差"值设为50，勾选"消除锯齿"和"连续"复选框，见图 2-3-2。

图 2-3-1　陶瓷花瓶

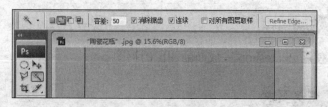

图 2-3-2　设置属性

步骤 2：单击绿色背景，根据单击位置不同，选区会呈现不同形状，这是由取样点颜色深浅不同造成的，见图 2-3-3。切换到"添加到选区"模式，见图 2-3-4，然后单击没有选中的区域将其加入选区，完成对背景的选取，见图 2-3-5。

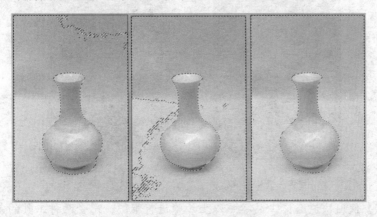

图 2-3-3 单击绿色背景

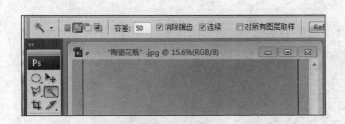

图 2-3-4 切换到"添加到选区"模式

图 2-3-5 选取背景

步骤 3：如果要选中陶瓷花瓶，则只需将选区反向选择（执行"选择"→"反向"命令），完成后，花瓶被虚线包围，变成选区。

步骤 4：执行"编辑"→"拷贝"命令（或按 Ctrl+C 组合键），打开图 2-3-6，执行"编辑"→"粘贴"命令（或按 Ctrl+V 组合键）。

步骤 5：调整陶瓷花瓶的大小（右击，在弹出的快捷菜单中执行"自由变换"命令或按 Ctrl+T 组合键），将其移动到相应的位置，最终效果见图 2-3-7。

图 2-3-6　绿色背景　　　　　　　　图 2-3-7　效果图

【练一练】使用快速选择工具参照以上步骤进行抠图，感受两种工具的差异。

3. 快速高效的选区工具（多边形套索工具）

1）适用范围：边缘较为整齐、外观为直线形或较少圆弧形的图像。

2）工具特性：手动控制、操作简便，无须设置参数是该工具的特点，依靠使用者的手眼配合，对外观曲面少或精确性要求不高的商品照抠图时非常实用且高效。

3）使用原理：在商品图像边缘单击设置起点，然后沿商品边缘拖动鼠标，在转折或起伏处再次单击设置锚点，重复操作，回到起点时单击完成选区设定。

4）操作步骤示范。

步骤 1：打开图 2-2-19，选择多边形套索工具，见图 2-3-8。

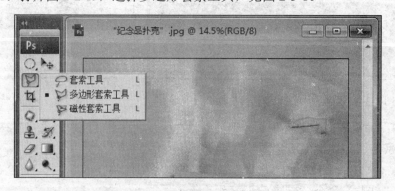

图 2-3-8　选择多边形套索工具

步骤 2：使用多边形套索工具沿着商品图像的边缘单击设置锚点，最后回到起点进行闭合，即可得到商品图像的选区，见图 2-3-9。

步骤 3：抠图及背景替换类似于陶瓷花瓶案例的步骤 5、6，见图 2-3-10。

图 2-3-9　设定选区　　　　　　　　　　图 2-3-10　抠图及背景替换

【练一练】参照以上步骤,对图 2-2-8 进行商品抠图及背景替换。

4. 精确选区的制作工具（钢笔工具）

1）适用范围：边缘较为整齐的图像。

2）工具特性：精确控制是钢笔工具最大的特点，通过对"锚点"和"控制手柄"的控制，可以精确绘制图像的选区，满足专业美工处理要求较高的图像抠图需要。

3）使用原理：使用钢笔工具在商品图像边缘单击设置起点，然后沿商品边缘拖动鼠标，在转折或起伏处再次单击设置锚点，通过对"锚点"和"控制手柄"的调节，可以绘制出贴合商品外观的弧形选区。环绕商品边缘持续绘制，当回到起点时单击完成选区设定。

4）操作步骤示范。

步骤 1：打开图 2-2-7，在工具箱中选择钢笔工具（或按 P 键），再单击属性栏中的"路径"按钮，见图 2-3-11。

图 2-3-11　单击"路径"按钮

步骤 2：在商品图像边缘任何一个位置选择一个起点并单击，出现一个锚点 A 点，见图 2-3-12。

步骤 3：顺着商品图像边缘寻找下一个点并单击，出现一个锚点 B 点（此时，按住鼠标左键），见图 2-3-13。然后沿着边缘的方向拖动鼠标左键或左右旋转，当弧度贴合商品边缘时松开鼠标左键，见图 2-3-14。

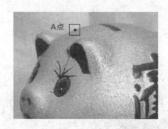
图 2-3-12　新建锚点

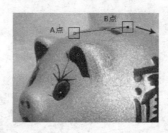
图 2-3-13　增加锚点

图 2-3-14　拖动出弧度

步骤 4：将鼠标指针移动到 B 点并按住 Alt 键，见图 2-3-15。此时单击 B 点去掉右边的控制手柄（确保绘制下一线段时不受前面弧线的干扰）。

步骤 5：如果对弧线不满意，还可以按住 Ctrl 键移动左边的控制手柄对已经绘制的弧线进行调整，见图 2-3-16。

图 2-3-15　转换点

图 2-3-16　调整弧线

步骤 6：沿图像边缘重复上面步骤（如果边缘是直线，则无须调节弧线，直接添加下一个锚点即可），将需要抠图的图像全部选中，单击起点闭合路径，见图 2-3-17。

步骤 7：选中路径内部，右击，在弹出的快捷菜单中执行"建立选区"命令，设置选区羽化半径为"1"，见图 2-3-18。

图 2-3-17　闭合路径

图 2-3-18　建立选区

步骤 8：执行"编辑"→"拷贝"命令（或按 Ctrl+C 组合键），打开图 2-3-19，执行"编辑"→"粘贴"（或按 Ctrl+V 组合键）命令，将其粘贴上。调整储钱罐的大小（右击，在弹出的快捷菜单中执行"自由变换"命令或按 Ctrl+T 组合键），并移动到相应的位置，最终效果见图 2-3-20。

图 2-3-19 背景

图 2-3-20 效果图

【练一练】参照以上步骤，在百度图库中搜索一款女式提包进行商品抠图及背景替换。

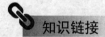 知识链接

【扫一扫】扫一扫二维码，学习通道抠图技巧，以应对对烟花、头发、毛绒玩具等复杂图像的抠图需求。

【搜一搜】在搜索引擎中输入关键词"Photoshop 抠图""调色""滤镜"，学习提升 Photoshop 图像处理的技能。

抠图技巧

实操范例

【业务背景】童景生物科技有限公司的技术员小王按照公司电商推广的计划，对准备在网上推广的保健品之一——红糖老姜茶进行拍照，照片拍摄完成，但背景有些杂纹，小王想使用抠图方法将商品背景去掉，并替换背景和修饰，为后续的工作做准备。

【实操步骤】

1）双击打开 Photoshop 软件，执行"文件"→"打开"命令（图 2-3-21），在弹出的对话框中选中需要抠图的宝贝（图 2-3-22），单击"打开"按钮。

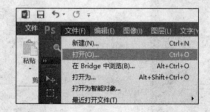
图 2-3-21 执行"打开"命令

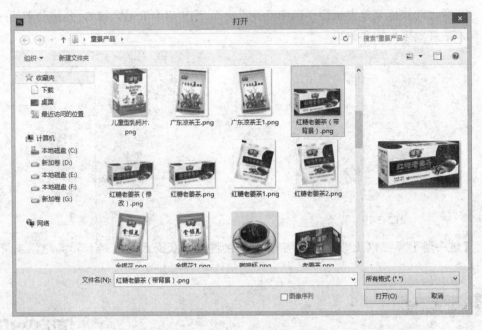

图 2-3-22 "打开"对话框

2）将图片导入后，按 Ctrl+J 组合键复制（复制一层是备用的，若做错了无法返回，可直接使用此层，不需要再次导入），将备用层的前面的"眼睛"标志去掉，见图 2-3-23。

3）单击右下角"创建新图层"按钮，创建一个新图层，并将图层命名为"背景层"，然后将"背景层"拖动到最后一层（作为背景），见图 2-3-24。

图 2-3-23 创建备用层

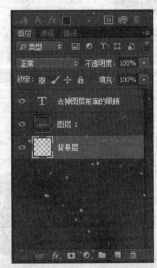

图 2-3-24 创建图层

4）如果需要纯色背景，单击前景色颜色板，选中背景色（白色位于左上角），单击
"确定"按钮，见图 2-3-25，选中背景图层后按 Alt +Delete 组合键填充前景色。

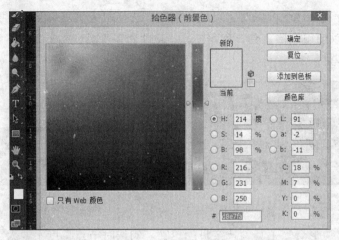

图 2-3-25　填充前景色

5）如果需要渐变色背景，选择渐变工具，见图 2-3-26，颜色块见图 2-3-27，弹出
"渐变编辑器"对话框，见图 2-3-28，通过拖动滚动条选择颜色。

图 2-3-26　选择渐变工具

图 2-3-27　颜色块

图 2-3-28　选择颜色块

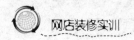

6）选择线性渐变，见图 2-3-29。然后选中背景层在画布里拉动线调（按 Shift 键可垂直）。

7）做好背景后，就可以对宝贝进行抠图。选择放大工具将宝贝放大，然后选择套索工具（也可以使用魔棒工具、套索工具、磁性套索工具、钢笔工具、蒙版工具等来制作），见图 2-3-30。

图 2-3-29 选择线性渐变　　　　　　　　　　图 2-3-30 选择套索工具

8）使用多边形套索工具勾选宝贝的轮廓，勾选时节点幅度不要太大，小一点比较精准。此时按 Ctrl+Enter 组合键将其载入选区，会出现蚂蚁线，见图 2-3-31。

图 2-3-31 勾选宝贝的轮廓

9）我们需要的是宝贝图，现在选中的是宝贝，不能直接删除，所以需要按 Ctrl+Shift+I 组合键反选，或执行"选择"→"反向"命令，见图 2-3-32。

10）按 Ctrl+Alt+D 组合键，羽化，半径为 1px，或执行"选择"→"修改"→"羽化"命令，见图 2-3-33，在弹出的"羽化选区"对话框中设置羽化半径为 1px，然后单击"确认"按钮，见图 2-3-34。按 Delete 键将背景删除（因为之前建了一个背景层，删除了这张背景就会看到背景层），见图 2-3-35。

图 2-3-32 反选

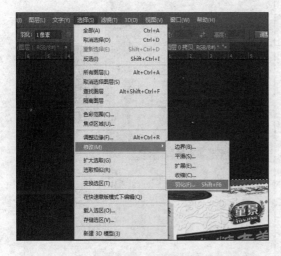

图 2-3-33 羽化

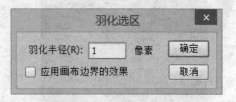

图 2-3-34 "羽化选区"对话框

图 2-3-35 删除背景

11）这样基本上就完成了，如果需要做倒影，则选中"宝贝图"层后按 Ctrl+J 组合键复制一个图层并将其改名为"倒影图"（作为倒影），选中"倒影图"层，见图 2-3-36。

12）执行"编辑"→"变换"→"垂直翻转"命令，将"倒影图"层倒过来，见图 2-3-37。

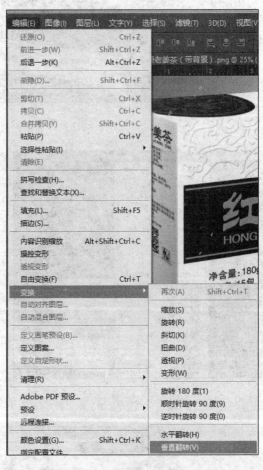

图 2-3-36　选中"倒影图"层　　　　　图 2-3-37　翻转"倒影图"层

13）这时倒影图将反过来，然后按住 Shift 键（垂直拖动）的同时按住鼠标左键向下移动。因为该图片并不是垂直的，所以还需将其进行旋转，并且做适当的斜切，让其与原图对齐，见图 2-3-38。

14）选中"倒影图"层（图 2-3-39），单击图层右下角"添加图层蒙版"按钮，图层边将多出一个蒙版，选中蒙版（图 2-3-40）。

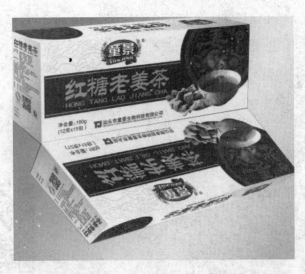

图 2-3-38　旋转并斜切"倒影图"层

图 2-3-39　选中"倒影图"层

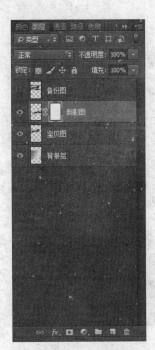

图 2-3-40　选中蒙版

15）选择渐变工具后单击渐变颜色块，在弹出的"渐变编辑器"对话框中选择黑白渐变，见图 2-3-41，单击"确定"按钮。

16）在倒影图层上选择蒙版，然后按住 Shift 键垂直拖动线条，就出现了黑白渐变

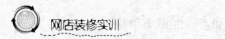

效果。如果拖动后，黑白渐变相反，则反方向拖动线条即可（可扫码观看彩图）。

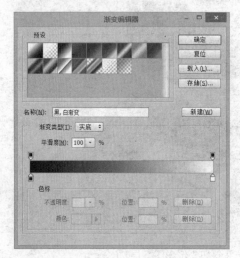

图 2-3-41 选择黑白渐变

最终效果图

 实操训练

1. 案例分析

前面已经学习了三种常见的图像抠图技巧，现在观察图 2-3-42，思考如何对图中人物的头发进行抠图，效果见图 2-3-43。相关技巧可参考本任务的知识链接。

图 2-3-42 素材

图 2-3-43 效果图

2. 同步实训

【业务背景】按照网店装修的流程，业务员小周依据网店装修需要，对网店图像进行处理。

【实训要求】依据网店装修需要对商品图像进行抠图及背景置换,依据不同商品图像的特点选择合适的选区工具。

【实训说明】

1)魔棒工具:适用于背景单一的物体。

2)快速选择工具:适用于背景反差较大的物体。

3)多边形套索工具:适用于直线不规则物体。

4)钢笔抠图工具:适用于曲线型物体。

5)通道工具:适用于边缘复杂的图片。

原图及效果见图 2-3-44~图 2-3-47。

图 2-3-44 原图(1)

图 2-3-45 效果图(1)

图 2-3-46 原图(2)

图 2-3-47 效果图(2)

任务四　后期调整及合成照片

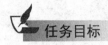
任务目标

知识目标：了解如何使用 Photoshop 对图像进行色彩调整，了解图像合成的知识要点。

能力目标：掌握使用 Photoshop 调整图像色彩的方法，能够根据设计意图对图像进行合成。

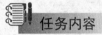
任务内容

1．使用 Photoshop 对商品图像进行色彩调整。
2．使用 Photoshop 对商品图像进行合成。

任务要求

1．依据网店装修需要及人的视觉习惯，对图像进行色彩调整。
2．依据网店装修需要对商品图像进行合成。

知识准备

1．图像色彩调整、合成的基本思路

在本项目的任务一中，我们拍摄了商品，但在有限的器材和拍摄环境中，拍摄的商品图像经常会出现以下问题：①色彩层次不分明；②色彩不够饱和；③图像清晰度不够等。为了使样品图像更加美观，可以使用各类图像编辑软件进行后期处理。在这里，我们将使用 Photoshop 进行图像后期处理。表 2-4-1 是色彩调整及合成的基本思路和使用的处理技术。

表 2-4-1　色彩调整及合成的基本思路和使用的处理技术

色彩调整及合成的基本思路	使用的处理技术	主要解决的问题
色彩调整 1	自动色阶、曲线	色彩层次不分明
色彩调整 2	色相饱和度、色彩平衡	色彩不够饱和
色彩调整 3	锐化滤镜	图像清晰度不够

续表

色彩调整及合成的基本思路	使用的处理技术	主要解决的问题
合成 1	图像抠图	商品图像边缘不够润滑
合成 2	图像柔化、匹配颜色	商品图像与新背景融合

2. 使用 Photoshop 对商品图像进行色彩调整

本任务所使用的操作技巧主要考虑到人眼睛对色彩的一般观察习惯，从色彩的层次、饱和度、商品和环境色的关系方面调整图像的清晰度，适用于对各种商品图像、风景照片、人像照片的调节。操作步骤如下。

1）执行"自动色调"命令调整图像色彩层次。打开图 2-4-1，对图像使用"自动色调"命令，进行整体色调的调整。执行"图像"→"调整"→"自动色调"命令，该命令不必设置参数，能对图像的整体色彩层级进行自动调整，使图像色彩层次分明。调整效果可扫码观看彩图。

图 2-4-1 "保温杯"　　　　　　　　　　　　　　　"自动色调"效果图

2）执行"曲线"命令调整图像整体亮度。执行"图像"→"调整"→"曲线"命令，在弹出的"曲线"对话框（图 2-4-2）中将图像整体亮度提高（通过在直方图绘制或移动曲线，能够实现对图像的对比度、亮度、色阶等参数的调节，是 Photoshop 中一种精确的调色工具），调整效果可扫码观看彩图。

3）执行"色相/饱和度"命令增加图像色彩饱和度。执行"图像"→"调整"→"色相/饱和度"命令，在弹出的"色相/饱和度"对话框（图 2-4-3）中增加图像色彩的饱和度，调整效果可扫码观看彩图。

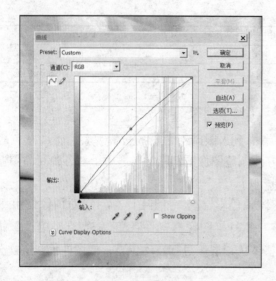

图 2-4-2 "曲线"对话框   "曲线"效果图

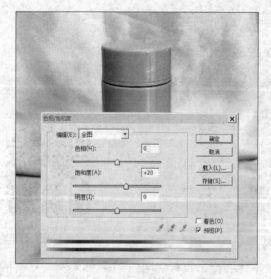

图 2-4-3 "色相/饱和度"对话框   "色相/饱和度"效果图

4）执行"色彩平衡"命令强化环境色彩和商品的局部色彩。执行"图像"→"调整"→"色彩平衡"命令，在弹出的"色彩平衡"对话框（图2-4-4）中进行调节。其主要功能是解决图像色彩失衡或是偏色的问题，因此使用该工具必须根据所处理的图像的情况进行调节，一般可按以下原则进行。

"中间调"：商品表面材质或者其他主体的本来颜色，如果图像中的这个颜色是合适的，那么就不必进行调整。

"暗部"：商品或其他主体的暗部的颜色，如果周围的环境是冷色，那么这里就应该为冷色调，如可以偏绿或者偏蓝；如果周围的环境是暖色，那么就应该为暖色调。

"亮部"：商品或其他主体的亮部的颜色，一般可以调节为暖色。

本案例参数为阴影（0、0、−20）、中间调（0、−20、0），调整效果可扫码观看彩图。

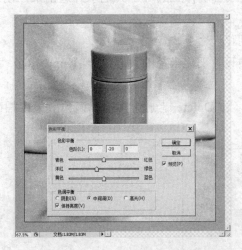 

图 2-4-4　"色彩平衡"对话框　　　　　　　　"色彩平衡"效果图

5）执行"USM 锐化"命令对图像进行锐化处理。调节好商品颜色后，我们将对图像进行锐化处理。执行"滤镜"→"锐化"→"USM 锐化"命令，在弹出的"USM 锐化"对话框（图 2-4-5）中进行设置（数量 100%、半径 1.0px、阈值 0），调整效果可扫码观看彩图。

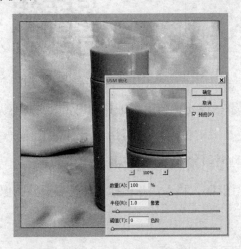 

图 2-4-5　"USM 锐化"对话框　　　　　　　　"USM 锐化"效果图

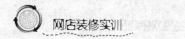

通过调整，我们可以获得一张比较符合一般审美标准的商品照片。在调整过程中要根据具体图像特点灵活设定参数，只有这样才能获得满意的效果。

3. 使用 Photoshop 对商品图像进行抠图

1）载入"保温杯"，运用套索工具或者魔棒工具等工具把水杯选出来，创建一个选区。

2）执行"选择"→"修改"→"羽化"命令。

3）在弹出的"羽化选区"对话框中设置羽化半径的数值为"1"px，单击"确定"按钮，见图 2-4-6。

4）执行"选择"→"反选"命令，按 Delete 键删除背景，调整效果可扫码观看彩图。

图 2-4-6　设定并羽化选区　　　　　　　　　　　　"羽化"效果图

【练一练】参考本项目的任务三，对本任务处理的图像进行抠图，设定选区后进行羽化柔化边缘。

4. 使用 Photoshop 将商品图像合成到新的背景

1）打开图 2-4-7，将已经抠好的效果图（6）移入，并根据设计需要调整图像尺寸，见图 2-4-8。

图 2-4-7 网络照片　　　　　　　　　　　　　　图 2-4-8　效果图

2）如果需要使产品图像的色调与背景更好地融合，还可以执行"图像"→"调整"→"匹配颜色"命令，在弹出的"匹配颜色"对话框（图 2-4-9）中进行设置。至此图像的合成完成，设计者还需要根据设计需要加入文字、标志。

图 2-4-9　"匹配颜色"对话框

59

知识链接

【扫一扫】扫一扫二维码,学习照片后期调整及合成的技巧。

【搜一搜】在搜索引擎中输入关键词"Photoshop 色彩调整""Photoshop 曲线工具""Photoshop 色彩平衡",学习提升 Photoshop 图像色彩调整的技能。

照片后期合成技巧

实操范例

【业务背景】童景生物科技有限公司的技术员小王按照公司电商推广的计划,对准备在网上推广的保健品之一——金银花进行拍照,并使用抠图方法将商品背景去掉,替换背景和修饰。现在小王准备对商品照片进行后期调整及合成,为后续工作做准备。

【实操步骤】

1)使用抠图工具将背景抠出来(常用的抠图工具包括魔棒工具、套索工具、铅笔工具、蒙版工具等),根据产品的形状可以选择不同的抠图工具。本例中可以选择多边形套索工具或钢笔工具为产品做一个选区,按 Shift+Ctrl+I 组合键反选得到背景选区,按 Delete 键删除背景,见图 2-4-10 和图 2-4-11。

图 2-4-10　操作步骤示意图(1)

图 2-4-11　操作步骤示意图（2）

2）新建一个白色背景层，将其置于产品层下方，见图 2-4-12 和图 2-4-13。

图 2-4-12　操作步骤示意图（3）　　　　图 2-4-13　操作步骤示意图（4）

3）按 Ctrl+R 组合键调出参考线，选中产品层，按 Ctrl+T 组合键选择旋转校正，见图 2-4-14。

图 2-4-14　操作步骤示意图（5）

4）按 Ctrl+L 组合键弹出"色阶"对话框，将产品调亮，见图 2-4-15。

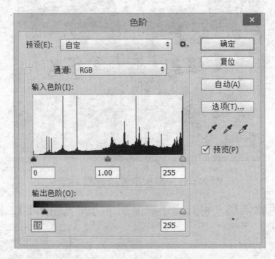

图 2-4-15　操作步骤示意图（6）

5）进入"通道"面板，观察各通道间的方案和背景的对比，可以发现蓝色通道比较明显，复制蓝色通道，见图 2-4-16。

图 2-4-16　操作步骤示意图（7）

6）按 Ctrl+L 组合键弹出"色阶"对话框，把对比继续调大，见图 2-4-17。

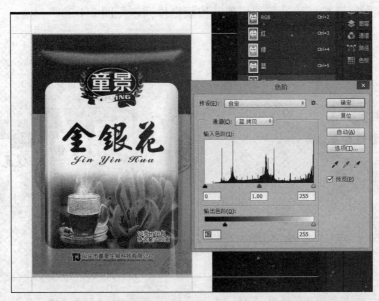

图 2-4-17　操作步骤示意图（8）

7）复制两个产品新图层，将白色背景图层隐藏，选中三个产品图层后单击"链接图层"按钮，见图 2-4-18。

图 2-4-18　操作步骤示意图（9）

8）按 Ctrl+T 组合键调整链接图层大小到合适的位置，见图 2-4-19。

9）解除图层链接，移动各图层使其按规则排列，见图 2-4-20。

图 2-4-19　操作步骤示意图（10）　　　　　图 2-4-20　操作步骤示意图（11）

10）添加背景图，命名为"产品动起来"，也可以通过制作倒影效果、添加文字等来增强产品的动感，见图 2-4-21。

图 2-4-21　操作步骤示意图（12）

实操训练

1. 案例分析

前面已经学习了照片后期调整及合成的方法，分析图 2-2-7，运用所学技能调整商品图像色彩并将其合并到图 2-4-22 中，效果见图 2-4-23。如需观看图解则参考本任务的知识链接。

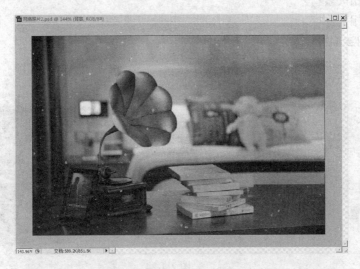

图 2-4-22　背景

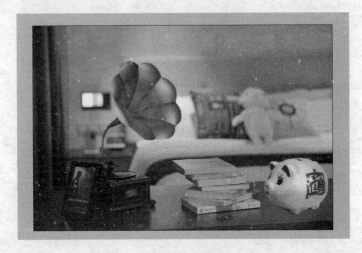

图 2-4-23　效果图

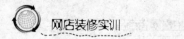

2. 同步实训

【业务背景】业务员小周依据网店装修需要及人的视觉习惯，要对网店图像进行色彩调整。

【实训要求】依据网店装修需要以及人的视觉习惯，对商品图像进行合成。

【实训说明】

1）新建一个 950×450px 的文件。

2）加入相关素材。

3）添加相关文字。

样图见图 2-4-24。

图 2-4-24

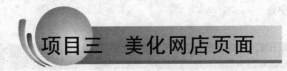

项目三　美化网店页面

任务一　选择店铺模板

任务目标

知识目标：了解店铺模板的构成，理解店铺色彩搭配的要点，掌握店铺模板管理的要点。

能力目标：能够正确布局和设置店铺模板，能够合理实现店铺色彩搭配，能够进行店铺模板的管理、备份和还原操作。

任务内容

1. 完成店铺模板的布局与设置。
2. 完成店铺页面配色。
3. 完成模板的管理、备份和还原操作。

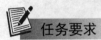

任务要求

1. 依据店铺需求布局和设置店铺模板。
2. 依据店铺主营商品的类型和颜色进行店铺色调选取和色彩搭配。

知识准备

1. 店铺装修模板

现如今各种电商平台上的店铺装修琳琅满目。店铺装修的快捷途径就是充分利用店铺模板。以淘宝网为例，在淘宝网上开店之后，进入"卖家中心"，选择"快捷应用"→"店铺管理"→"店铺装修"选项即可进入淘宝网旺铺装修页面，在该页面中即可选用模板。选用模板时既可以选用整页模板，也可以通过编辑模板中的各个模块自行定制。对于新手卖家而言，首先需要了解店铺模板中的各个模块，见图 3-1-1 和图 3-1-2。

图 3-1-1　店铺模板（1）

图 3-1-2　店铺模板（2）

（1）店标和店招

店标，即店铺的标志，能够形象地表达店铺的名称和相关信息，是顾客了解店铺的窗口。店招，即店铺的招牌，能够直观、形象地呈现店铺的形象，体现店铺的主营信息，宣传店铺的经营理念。店标和店招可以相互结合，也可以分开制作，均可以以静态或动态的图片形式呈现，店招还可以以 Flash 动画的形式呈现。店标和店招一般位于店铺页面的顶部。

（2）店铺公告区

店铺公告区可以发布滚动的文字信息，主要用于发布店铺通知、商品促销信息等内容。

（3）促销广告区

促销广告区可以发布字幕、图片、动画、视频等多种形式的促销广告，甚至可以实现多个广告的轮播效果，主要用于对店铺本身的宣传及对店铺经营商品的促销。

（4）宝贝分类区

宝贝分类区通过文字或者图片等形式对店铺宝贝进行合理的分类导航。

（5）宝贝推荐及橱窗推荐

宝贝推荐及橱窗推荐均可以通过商品列表的形式罗列卖家重点推荐的商品，使买家浏览时能够一目了然。

（6）宝贝描述

宝贝描述，即宝贝详情，一般只出现在宝贝详情页面，用于对宝贝进行详细展示，通过图文并茂的排版，展示商品全貌、价格、功能、材质、特性等信息，突出商品卖点，吸引买家，还可以穿插相应的促销广告、售后服务和邮资说明等信息。

（7）其他模块

展开旺铺装修页面左侧导航的"模块"（图 3-1-3），即可找到不同的附加和增值模块。

图 3-1-3　选择其他模块

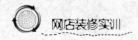

【练一练】规划店铺的布局结构，熟悉淘宝旺铺装修模板的操作。

2. 店铺模板中的设置

在淘宝旺铺装修页面中，店铺模板中的任何模块都可以根据卖家的需求进行添加和删除。在淘宝旺铺装修页面中选择"页面编辑"选项卡可以查看店铺实际效果，选择"布局管理"选项卡则可以设置页面各模块的布局位置，见图 3-1-4 和图 3-1-5。

图 3-1-4　布局设置（1）

图 3-1-5　布局设置（2）

【练一练】设置店铺的店标、店招、店铺公告区、店铺促销区、宝贝分类区、宝贝推荐、橱窗推荐和宝贝描述等各个模块的布局结构，并对各个模块进行简单装修。

3. 店铺配色

店铺装修过程中要使店铺更加突出，吸引买家的眼球，就需要在店铺页面的色彩搭配上进行精心的设计。关于店铺配色，主要掌握以下几个方面的知识。

（1）色彩原理

每一种色彩都是由三个要素决定的，即色相、明度和饱和度（可扫码观看彩图）。

色相，即每种色彩的色调，也是色彩的名称，是区分色彩的主要依据。将两个或两个以上不同色相的色彩并置在一起，形成色相差别对比。色相对比的强弱，取决于色彩在色相环上的位置。明度，指色彩的明暗程度。饱和度，指色彩的鲜艳度或强度。

人眼容易辨识色相反差大、明暗对比强、饱和度高、细节丰富的图片。因此，在店铺配色过程中，应注意进行搭配的不同色彩之间需有对比。常见的色彩搭配方案（可扫码观看彩图）有以下几种。

色彩原理

色彩搭配方案

对比色相搭配，即采用色相对比距离120°左右的不同色彩进行搭配，如黄绿色与红紫色的搭配，橙色、紫色和蓝绿色的搭配。

中度色相搭配，即采用色相对比距离90°左右的不同色彩进行搭配，如黄色和红橙色的搭配。

类似色相搭配，即采用色相对比距离60°左右的不同色彩进行搭配，如红色和橙色的搭配。

相近色相搭配，即采用色相对比距离30°左右的不同色彩进行搭配，如红色和红紫色的搭配。

同色相搭配，即采用同一种色相不同明度或不同饱和度的色彩进行搭配，也称为同类色组合。

（2）选定主色调

在为店铺配色时应遵循"总体协调，局部对比"的原则，首先应选择一种色彩作为店铺的主色调，即店铺的底色。主色调可以依据店铺销售的商品类型，以及商品本身色

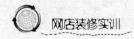

彩确定。例如，女性主题网店多选用浪漫的紫色、粉红色，数码类商品网店多选用蓝色、黑色等。

展开旺铺装修页面左侧导航的"配色"模块，即可为店铺模板指定整体配色方案，见图3-1-6。

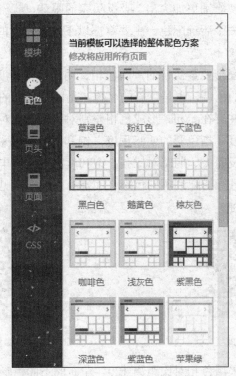

图3-1-6 "配色"模块

（3）调配辅助色与突出色

在保证店铺色调整体统一的基础上，应搭配一些其他颜色作为辅助色和突出色，从而形成局部的对比。辅助色与主色调形成对比，丰富色彩内容。突出色所占的面积最小，与主色调的反差最大，是店铺页面中最能引起人注意的点，一般需要突出的标题、标志或者需要着重表现的产品等。同时应注意，在店铺配色过程中不应使用过多不同的色彩，否则会令人眼花缭乱，造成版面复杂混乱的视觉效果，对买家理解并获取信息毫无帮助，甚至会产生相反的影响。因此，所使用的色彩尽量控制在3～5种。

【练一练】选取一款商品作为店铺主营商品，依据商品的类型和颜色选取相应店铺模板的整体色调作为店铺的主色调，并且选择合理的辅助色和突出色，作为普通内容、重点商品图片、重点标题所使用的色彩。

4. 模板管理、备份与还原

（1）模板管理

选择旺铺装修页面中的"模板管理"选项可以进入店铺模板管理页面，在该页面中可以查看可用的模板和备份的模板，可以切换店铺当前应用的模板，也可以对店铺模板进行备份和还原，见图 3-1-7。

（2）模板备份

在旺铺装修页面单击"备份"按钮或者在店铺模板管理页面中单击"备份和还原"按钮均可弹出"备份与还原"对话框进行模板备份操作，在对话框中选择"备份"选项卡，在选项卡中输入备份模板的备份名及备注，单击"确定"按钮即可完成模板的备份操作，见图 3-1-8。

图 3-1-7 店铺模板管理页面

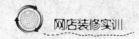

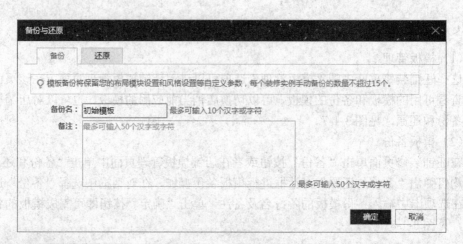

图 3-1-8　模板备份

（3）模板还原

在"备份与还原"对话框中进行模板备份操作，在对话框中选择"还原"选项卡，在选项卡中选择已备份的模板，单击"应用备份"按钮即可完成模板的还原操作，见图 3-1-9。

图 3-1-9　模板还原

【练一练】设计一个"双十一"主题的店铺模板，并实现对模板的备份和还原操作。

　知识链接

【扫一扫】扫一扫二维码，学习提升店铺页面布局及配色技能。

【搜一搜】在搜索引擎中输入关键词"店铺模板""店铺模块""店铺配色""模板备份""模板还原"，了解相关介绍，逐步理解店铺装修的操作流程。

提升店铺页面布局及配色技能

实操范例

【业务背景】童景生物科技有限公司的技术员小王按照公司电商推广的计划,已经对商品照片进行了拍摄、抠图及后期处理合成,接下来要为已经注册的网店选择模板。在选择模板前,小王先要了解旺铺的版本。目前,为了满足不同用户的差异化需求,阿里巴巴推出了旺铺专业版、旺铺天猫版、旺铺基础版、淘宝智能版、天猫智能版五个版本。无论是哪种旺铺,都可以试用阿里巴巴建站服务市场上的模板,试用合适则可以购买。

【实操步骤】

以旺铺专业版(图 3-1-10)为例,说明如何选择合适的模板。

1)在旺铺装修页面中选择"装修模板"选项,见图 3-1-11。

2)进入旺铺模板页面选择模板,可以根据自己的行业特点选择合适的模板。目前可以根据行业、风格、色系查看所需要的模板,也可以选择关键字查询,见图 3-1-12。

图 3-1-10　旺铺专业版

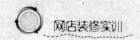

图 3-1-11　选择"装修模板"选项

图 3-1-12　选择合适的模板

我们可以根据自己的理解，以及调查数据来选择模板。

① 把控大体颜色。内容决定了模板的样式，根据产品的图片、拍照时用的底色主色调选择配色方案，要突出行业特点和产品内容。下面推荐一些颜色。

蓝色：代表理智的色彩，它象征着一种清新、明晰、合乎逻辑的态度，通常适用于高科技类行业，如数码、电子、机械、五金、科技等。

红色：给人一种热情、积极向上的情感，适用于各行业的模板。

黑色：严肃的颜色，以黑色为主的模板通常会与其他颜色相配使用，和红色一样是比较通用的颜色。

绿色：春天的颜色，代表生命、青春、成长和健康，适用于环保制造、生物科技、食品等行业。

橙色：暖色，使人感到温暖，常用于服饰、家居装饰、鞋类等行业。

粉色：颜色柔和，适用于年轻朝气的行业，如女装、童装、美容美发等行业。

黑白：神圣、纯洁、无私、朴素，适合各类行业。

炫彩系列一般颜色对比强烈，适合比较活泼的行业，如童装、服装、鞋等行业。

② 试用模板。选择使用周期后单击"马上试用"按钮（图 3-1-13），在弹出的消息框（图 3-1-14）中单击"确定试用"按钮，通过图 3-1-15 就可以看到试用的结果。

市面上的很多模板都能免费试用，对于不需要经常装修旺铺的卖家，一般来说购买一年的比较实惠，但在购买之前一定要试用。

试用模板主要是观察模板是否和自己行业相匹配，最主要的是选择产品后，预览模板的整体效果。

图 3-1-13 单击"马上试用"按钮

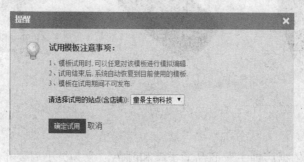

图 3-1-14 单击"确定试用"按钮

图 3-1-15 试用模板

现在建站服务市场上的模板都是高级模板，后台完全无代码操作，会打字就能使用。

网店装修实训

在后台选择产品非常方便，试用是免费的，可以试用多个不同类型的模板，预览实际的效果，试用满意后再购买。

实操训练

1. 案例分析

图 3-1-16 是三款 U 盘商品图片，运用本任务所学知识进行合理的模块设置、色彩搭配，设置一个以这三款商品为主营商品的店铺模板。

图 3-1-16　U 盘

2. 同步实训

【业务背景】依据店铺主营商品的类型和颜色，业务员小周要布局店铺需求和设置店铺模板，进行店铺色调选取和色彩搭配。

【实训要求】布局店铺需求和设置店铺模板，并进行店铺色调选取和色彩搭配。

【实训说明】

1）完成店铺模板的布局与设置。

2）完成店铺页面配色。

3）完成模板的管理、备份和还原操作。

任务二　设置店铺背景

任务目标

知识目标：了解店铺页面背景的设置方式，掌握店铺页面背景设计和选图的要点。

能力目标：正确设置店铺页面背景，能够合理实现店铺页面背景图片的设计和选图。

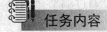
任务内容

1. 完成店铺页面背景的设置。
2. 完成店铺页面背景图片的设计。

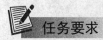
任务要求

1. 依据店铺需求设置店铺页面背景。
2. 依据店铺需求设计店铺页面背景图片。

知识准备

1. 背景色设置

在完成店铺模板的设置和店铺色彩的搭配后，首先应对店铺页面的背景进行设置，奠定店铺页面的主题基调。对于店铺页面背景的设置，最简单的是使用一种单纯的色彩作为页面的背景色。

选择旺铺装修页面左侧导航的"页面"模块可以展开页面背景设置面板。在展开的页面背景设置面板中勾选"显示"复选框（图3-2-1），单击"页面背景色"右侧的色块即可弹出"调色器"对话框进行背景色的选择。

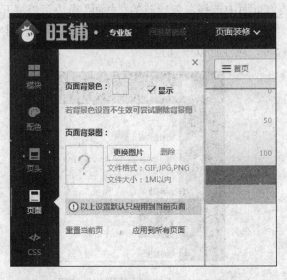

图 3-2-1　勾选"显示"复选框

选择背景色时可以从"调色器"对话框左上角的默认色块中选择一种颜色，或者通

过"调色器"对话框右上角 R、G、B 三个颜色数值进行设定，也可以通过调节"调色器"对话框左下角的色相、饱和度和明度设置框进行颜色的设定。

所选择的背景色可以在"调色器"对话框右侧的颜色框中预览，然后单击"确定"按钮即可，见图 3-2-2。

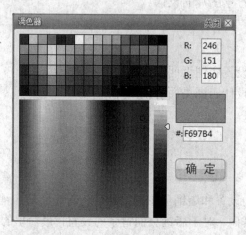

图 3-2-2　选择背景色

2. 背景图片设置

店铺页面除了可以使用单纯的颜色作为背景外，还可以使用图片作为页面的背景。首先，在淘宝旺铺装修页面中选择左侧导航的"页面"模块可以展开页面背景设置面板，在设置面板中单击"更换图片"按钮（图 3-2-3），然后选择背景图片上传即可。在选择和制作店铺背景图片时，应注意以下几点。

图 3-2-3　单击"更换图片"按钮

1）背景图片色彩应尽量选择店铺页面的主色调或底色，与页面主题保持一致。

2）背景图片不宜过度花哨，简洁的设计效果更佳，可使用条纹、星形、点状、简单花纹等形式，以起到衬托商品的作用。

3）背景图片格式以 GIF、JPG 和 PNG 等常见图片格式为宜，大小应控制在 1MB 以下，背景图片过大，像素过高，容易影响页面打开的速度，干扰买家的体验。

4）设计背景图片时最好保证其具有良好的平铺延展性，保证店铺的页面背景能够在任何情况下都正常显示。

【练一练】根据店铺主题使用背景颜色或背景图片设置店铺背景。

3. 背景平铺与对齐

对于背景图片而言，可以选择四种不同的显示方式，即"平铺""纵向平铺""横向平铺"和"不平铺"（图 3-2-4）。在背景图片上传完成之后，背景设置面板中会出现"背景显示"选项组，选择相应的平铺选项即可。对于大多数店铺而言，较为常用的是使用一张小型底图不断平铺延展，形成整页背景的显示形式。

如果背景图片不使用平铺的显示方式（图 3-2-5）或者使用不完全平铺的显示方式，可以通过设置背景的对齐方式改变背景图片在页面中横向的呈现位置。在背景图片上传完成之后，背景设置面板中会出现"背景对齐"选项组，分别为"左对齐""居中"和"右对齐"，选择相应的选项即可设置图片的对齐方式。

图 3-2-4 背景图片显示方式

图 3-2-5 选择"不平铺"

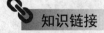
知识链接

【扫一扫】扫一扫二维码，提升店铺图片背景设计制作技能。
【搜一搜】在搜索引擎中输入关键词"店铺背景""背景颜色""背景图片""背景对齐方式"，学习相关知识。

提升店铺图片背景
设计制作技能

实操范例

【业务背景】童景生物科技有限公司的技术员小王按照公司电商推广的计划，已经对商品照片进行了拍摄、抠图及后期处理合成，并且在试用了几套模板后确定了公司的网店整体设计方案。接下来小王开始设置店铺背景。

【实操步骤】

1）使用已经开好店铺的淘宝网账号登录淘宝网，进入淘宝网的卖家中心，见图3-2-6。

2）单击"卖家中心"→"店铺管理"→"店铺装修"，见图3-2-7。

3）在旺铺装修页面中选择页面，在弹出的页面中就可以设置页面背景色或页面背景图，见图3-2-8。

图 3-2-6　淘宝网的卖家中心

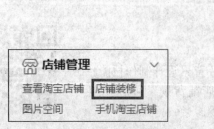

图 3-2-7　选择店铺装修　　　　　图 3-2-8　设置页面背景色和页面背景图

4）如果要马上展现，单击"发布站点"按钮，见图 3-2-9，弹出消息框，见图 3-2-10，单击"确认发布"按钮即可。假如修改备用，可以单击"备份"按钮将修改结果保留下来以供下次发布或修改，也可以单击"预览"按钮查看修改的结果，满意后再发布。

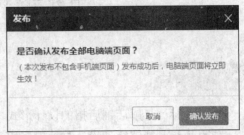

图 3-2-9　单击"发布站点"按钮　　　　　图 3-2-10　弹出消息框

淘宝店铺背景为背景色或者背景图片，所以必须先做好背景图片或者知道自己的背景颜色，将其存放在计算机中。现在淘宝旺铺专业版 1 钻以下的店铺可以免费使用旺铺专业版。

默认设置的页面是当前页面，如果想将这个修改应用到所有页面，单击"应用到所有页面"即可，见图 3-2-11。

图 3-2-11　单击"应用到所有页面"

实操训练

1. 案例分析

假设店铺以"七夕"为活动主题进行商品促销，为店铺设计一幅紧贴主题的背景图片，并设置正确的背景图片的平铺方式和对齐方式。

2. 同步实训

【业务背景】依据网店装修需要及人的视觉习惯，业务员小周要对网店图像进行色彩调整。

【实训要求】依据店铺需求设置店铺页面背景和页面背景图片。

【实训说明】

1）完成店铺页面背景的设置。

2）完成店铺页面背景图片的设计。

任务三 设计店铺店招

知识目标：了解店铺店招的设计形式，掌握店铺店招设计和编辑的要点。
能力目标：能够合理设计与编辑店招。

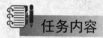

1．完成店铺店招的设计。
2．完成店铺店招的编辑。

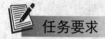

1．依据店铺需求设计店铺店招。
2．依据店铺需求编辑店铺店招。

1．店招设计

店招一般布局在店铺页面的顶部，位置醒目。是对外宣传的重要窗口，也是装修的重点区域。

在设计时，店招可以采用纯文字形式，也可以采用图文并茂或动画形式。

纯文字形式的店招，设计较为简洁，只需要设计纯色或者渐变式的背景，在背景上配以文字呈现店招内容即可（图 3-3-1）。

图 3-3-1 纯文字形式的店招

图文并茂或动画形式的店招，则需要收集和利用相关的图形素材制作店招的背景及

84

图形元素，并配以文字实现店招效果（图 3-3-2）。

图 3-3-2　图文并茂或动画形式的店招

【练一练】自定义店铺名称、主营商品及经营理念，结合店铺的主题色彩以纯文字形式或图文并茂形式设计一幅店铺店招，需体现店铺名称、主营商品及经营理念等关键信息。

2. 店招编辑

在旺铺装修页面中的"页面编辑"选项组下单击"店铺招牌"模块右上角的"编辑"按钮，会弹出店招编辑页面（图 3-3-3）。

图 3-3-3　店招编辑页面

在弹出的店招编辑页面中，在"招牌类型"右侧可以点选"默认招牌"或"自定义招牌"单选按钮（图 3-3-4），点选"默认招牌"后则店铺招牌将使用图片格式文件。

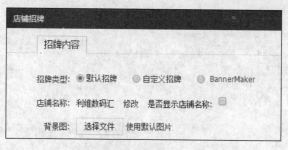

图 3-3-4　选择招牌类型

将"招牌类型"指定为"默认招牌"之后，单击"背景图"右侧的"选择文件"按钮将展开图片选择器，可以在淘盘中选择相应的图片作为店招，也可以重新上传图片。作为店招的图片以宽度为 950px、高度不超过 120px 为最佳，以避免店招或者店铺导航

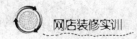

显示效果异常。在"店铺名称"右侧可以选择是否在店招图片上显示默认格式的店铺名称。店招设置完毕之后,单击"保存"按钮保存设置(图3-3-5)。

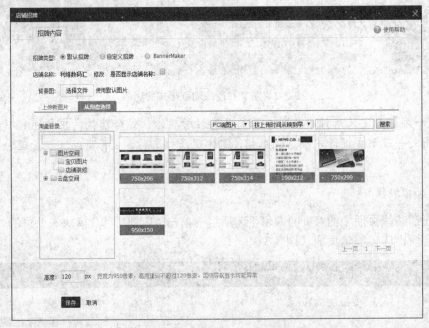

图 3-3-5　保存设置

如果将"招牌类型"点选为"自定义招牌",则可以在"自定义内容"右侧的网页编辑器中实现对店招的自由编辑。编辑过程中单击"恢复编辑历史"按钮可以恢复店招编辑的历史记录(图3-3-6)。

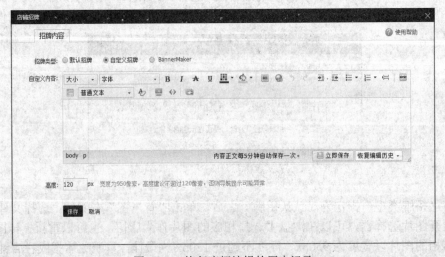

图 3-3-6　恢复店招编辑的历史记录

【练一练】以自定义招牌的类型设计一款网页式店招，需体现店铺名称、主营商品、经营理念和店铺促销活动等信息。

 知识链接

【扫一扫】扫一扫二维码，提升运用 Photoshop 设计与制作店铺店招的实操能力。

【搜一搜】在搜索引擎中输入关键词"店招设计""自定义招牌"，学习相关知识。

设计与制作店铺店招
的实操能力

 实操范例

【业务背景】童景生物科技有限公司的技术员小王按照公司电商推广的计划，已经对商品照片进行了拍摄、抠图及后期处理合成，并且在试用了几套模板后确定了公司的网店整体设计方案，另外还设置了店铺背景。接下来，小王开始设计店铺的店招。

【实操步骤】

1) 在设计店招时要有一个背景素材，可以全部自主设计，也可以在网上查找。最简单的方法就是直接在百度图片中搜索"店招素材"，见图3-3-7，根据需要保存一张背景图片。

图 3-3-7 店招素材

2) 用 Photoshop 打开背景图片，见图 3-3-8，在上面添加自己店铺的名字，再对字体、颜色等进行美化设计，并且加上店铺的标志，见图 3-3-9（具体操作参考项目二）。

3) 设计完成后把图片保存为 JPG 或 PNG 格式，见图 3-3-10。

图 3-3-8　打开背景图片

图 3-3-9　美化店铺

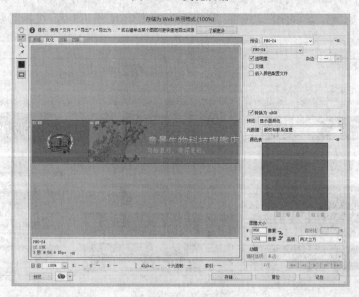

图 3-3-10　保存图片

4）进入旺铺装修页面，在店招模块中单击"编辑"按钮，见图 3-3-11。

5）设置参数，高度根据自己的图片大小设置，建议 120px 左右。如果尺寸不匹配，可能显示不完全或者填不满，见图 3-3-12。

图 3-3-11　单击"编辑"按钮

图 3-3-12　设置参数

6）浏览设计好的店招，单击"打开"按钮，见图 3-3-13，系统将自动选择的店招图片上传到网店图片空间，见图 3-3-14，然后单击"保存"按钮。

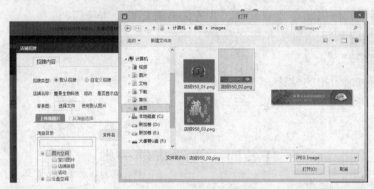

图 3-3-13　打开店招

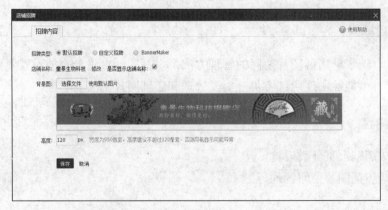

图 3-3-14　上传店招

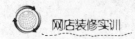

📝 **实操训练**

1. 案例分析

模仿"苏宁易购""国美在线"等商城，使用卡通造型制作店标，以文本展示店铺名称，将图 3-3-15 中的商品作为主营商品，自定义经营理念，设计一款店招。

图 3-3-15　照相机

2. 同步实训

【业务背景】依据网店装修流程，业务员小周要设计店铺店招。
【实训要求】依据店铺需求编辑店铺店招。
【实训说明】

1）完成店铺店招的设计。
2）完成店铺店招的编辑。

任务四　设置店铺分类

 任务目标

知识目标：了解店铺图片空间的管理方法，掌握店铺宝贝分类的设置要点。
能力目标：能够实现店铺宝贝分类及管理和店铺图片空间的管理。

任务内容

1. 完成店铺宝贝分类设置。
2. 完成店铺图片空间管理。

任务要求

1．依据店铺需求设置店铺宝贝分类。
2．依据店铺需求管理店铺图片空间。

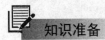

知识准备

1．宝贝分类管理

店铺经营管理中很重要的一环在于宝贝分类管理，清晰明了的分类管理能够提升买家的体验。

选择"旺铺装修"页面中的"宝贝分类"选项即可进入宝贝分类管理页面。该页面设有"分类管理"和"宝贝管理"两个选项，可分别对店铺分类和各类别下的宝贝进行编辑管理，见图3-4-1。

图 3-4-1　管理宝贝

在"分类管理"页面，单击工具栏上的"添加手工分类"按钮或者"添加自动分类"按钮均可以添加新的宝贝分类。

对分类进行编辑时，主要设置分类名称、分类图片及默认展开等属性，在主分类下可继续设置子分类，见图3-4-2。

分类名称：分类对应的显示名称，可直接在分类名称下的文本框中输入对应的显示文字。

分类图片：使用图片代替文字表示分类，单击"添加图片"按钮弹出图片选择器，可使用内部图片地址或者上传新图片进行设置，见图3-4-3。

移动：单击"上移"按钮或"下移"按钮可调节分类的显示位置，既可调整某个主分类在所有主分类中的显示位置，也可以调整某个子分类在当前主分类中的显示位置。

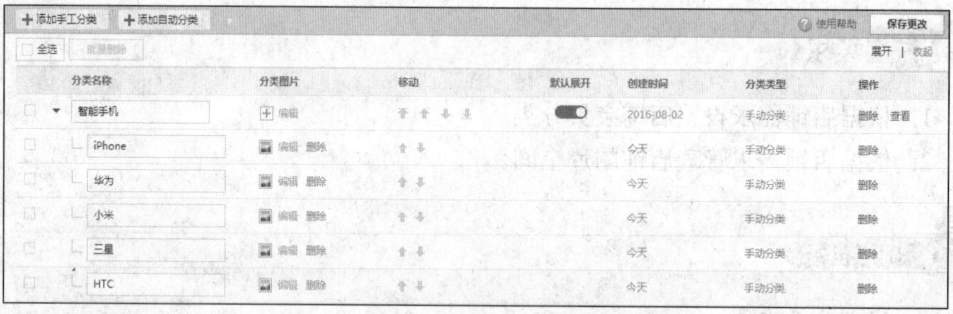

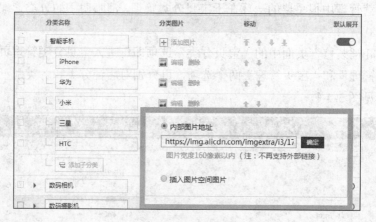

图 3-4-2　设置子分类

图 3-4-3　上传图片

默认展开：设置主分类是否默认展开子分类。

操作：单击"删除"按钮可删除当前分类。单击"查看"按钮可查看当前分类的宝贝，也可以对该分类进行调整，见图 3-4-4。

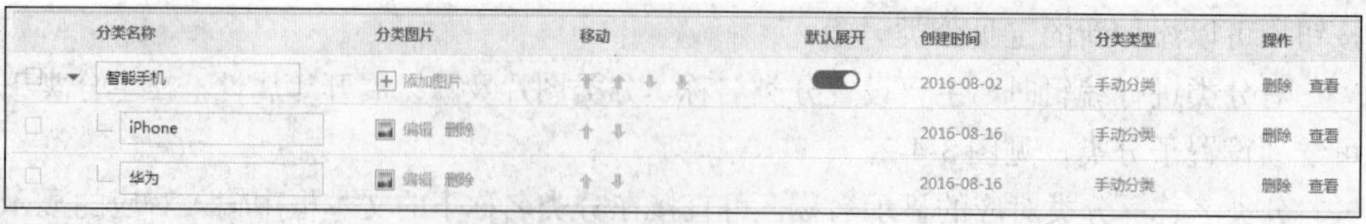

图 3-4-4　查看或调整分类

添加子分类：单击主分类名称前面的下拉按钮即可展开主分类，添加子分类。子分类将以缩进的形式显示，子分类的设置与主分类基本一致。由于淘宝网分类管理中实行两极结构的方式，因此子分类下无法再进行第三级分类。

分类设置完毕后，单击展开页面左侧导航中的"宝贝管理"，见图 3-4-5，选择进入相应的分类页面，就可以在该分类下添加宝贝信息。

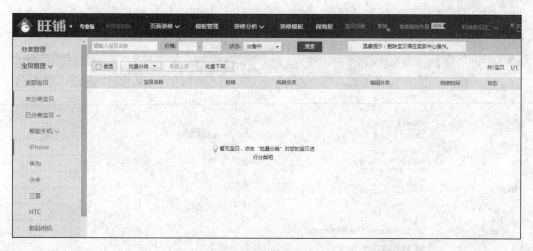

图 3-4-5　"宝贝管理"页面

【练一练】按照图 3-4-6 完成店铺两级宝贝分类的设置。

2. 图片空间管理

在淘宝网"卖家中心"页面中单击左侧"快捷应用"→"店铺管理"中的"图片空间"（图 3-4-7），进入淘宝店铺图片空间页面。

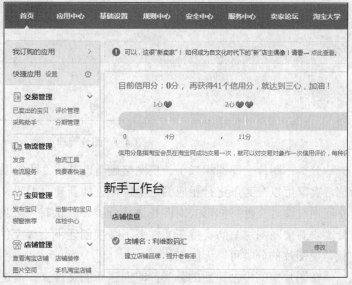

图 3-4-6　设置宝贝分类　　　　　　图 3-4-7　单击"图片空间"

图片空间首页呈现了空间使用情况，包括空间使用情况、使用详情及流量分析等信

息。其中图片空间标准版默认提供 20GB 空间容量，流量分析功能提供最近 7 天的流量浏览趋势，见图 3-4-8。

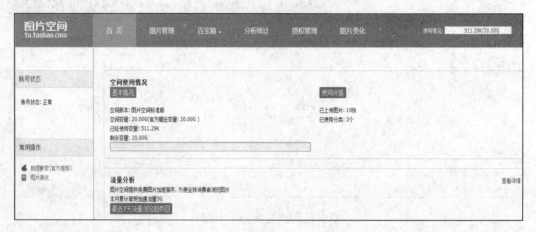

图 3-4-8　空间使用情况

选择"图片空间"页面顶部导航的"图片管理"选项可进入图片管理页面，在该页面可以对店铺图片进行上传、分类、编辑、删除及搜索等各项图片管理操作，见图 3-4-9。

图 3-4-9　图片管理页面

分类：图片空间即相当于一块网络硬盘，其中"我的图片"为该网络硬盘的默认名称，卖家可以在其下进行相应的磁盘操作，如新建、编辑、删除文件夹或文件等。图片空间通过图片文件夹的形式对图片进行分类，默认有"宝贝图片"和"店铺装修"两个分类。淘宝网图片空间支持在文件夹下继续创建下一级文件夹，并且没有层数限制，也就是说图片的分类可以无限细化。

在图片空间中创建新的分类，即创建新的文件夹，需进入其上一级文件夹，并单击工具栏中的"新建文件夹"按钮，在弹出的"新建文件夹"对话框（图 3-4-10）中输入文件夹名称；或者直接在页面左侧"图片目录"中右击上一级文件夹，在弹出的快捷菜单中执行"新建"命令即可。分类文件夹创建之后，支持重命名及移动位置等操作。

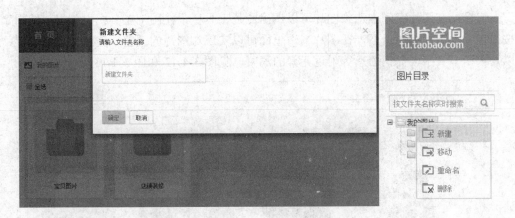

图 3-4-10 "新建文件夹"对话框

上传：在图片空间中上传图片首先应选择相应的分类文件夹，然后单击工具栏中的"上传图片"按钮，在弹出的"上传图片"对话框中（图 3-4-11）选择"通用上传"模式或者"高速上传"模式并单击"点击上传"按钮即可上传相应的店铺图片。

在上传图片时应注意所选择的图片大小应为 3MB 以下，图片格式应为 JPG、PNG和 GIF 等常用图片格式。淘宝网图片空间上传图片时支持按卖家设定的参数进行图片宽度调整，并为图片添加水印。

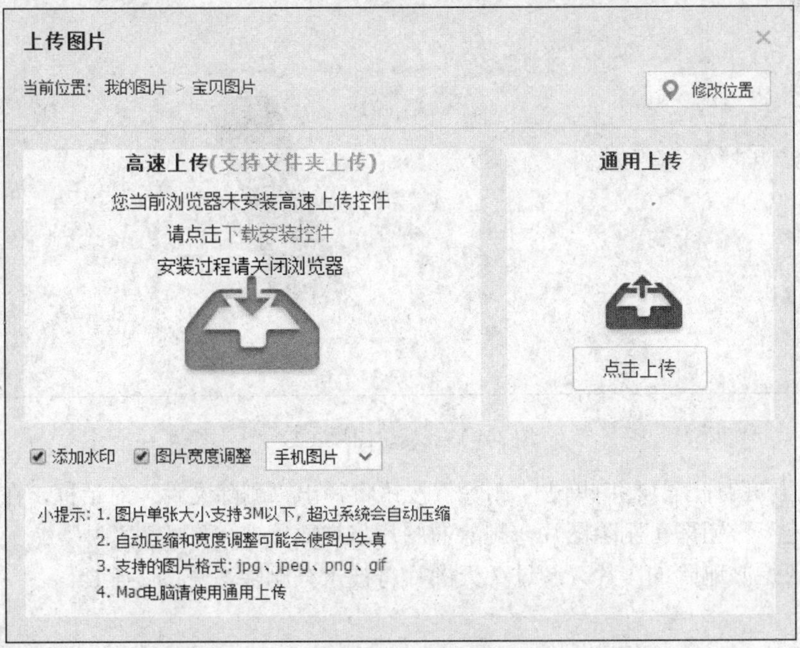

图 3-4-11 上传图片

　　编辑：在图片空间中选中图片可以调出图片工具栏，在图片工具栏中单击"编辑"按钮将进入图片编辑页面，在图片编辑页面可以实现对图片的调整、美化、边框设置，以及水印、文字、促销信息等附近元素的添置，见图3-4-12和图3-4-13。

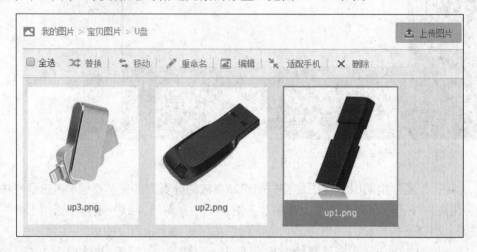

图 3-4-12　编辑图片（1）

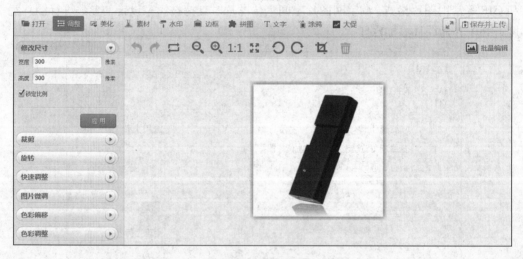

图 3-4-13　编辑图片（2）

　　删除：在图片工具栏中单击"删除"按钮将弹出"删除文件"对话框，在对话框中单击"确定"按钮即可删除图片，删除的图片将被放置在"回收站"中，7天内可以通过回收站还原被删除的图片，超过7天图片将被永久删除，见图3-4-14。

图 3-4-14 "删除文件"对话框

搜索：在图片空间中可以通过工具栏中的搜索框以文件夹名称或图片名称进行简单搜索，也可以单击"高级搜索"按钮，在弹出的"高级搜索"对话框中通过搜索类型、关键字和上传日期进行搜索，见图 3-4-15。

【练一练】按照图 3-4-16 完成店铺图片空间分类文件夹的设置。

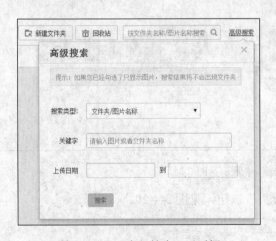

图 3-4-15 "高级搜索"对话框　　　　图 3-4-16 设置店铺图片空间分类文件夹

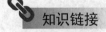 知识链接

【扫一扫】扫一扫二维码，提升图片空间使用技能。

【搜一搜】在搜索引擎中输入关键词"宝贝分类""图片空间"，学习相关知识。

提升图片空间使用技能

 网店装修实训

🔍 **实操范例**

【业务背景】童景生物科技有限公司的技术员小王按照公司电商推广的计划，进行了商品拍照、抠图、替换背景和修饰，接下来对公司的产品进行分类，为后续工作做准备。

【实操步骤】

1）登录淘宝网，在页面顶部选择"卖家中心"选项（图3-4-17），进入卖家中心页面。

2）单击"店铺管理"中的"自定义"，见图3-4-18。

图 3-4-17　操作步骤示意图（1）　　　　图 3-4-18　操作步骤示意图（2）

3）在弹出的自定义窗口中单击"宝贝分类管理"，见图3-4-19。

图 3-4-19　操作步骤示意图（3）

4）进入页面后，单击"添加手工分类"按钮，见图3-4-20。

图 3-4-20　操作步骤示意图（4）

5）在图3-4-21的输入框中输入要设置的分类名称，添加一个手工分类。

6）依次单击分类下面的子类，即可添加一个子类。

7）设置完成后单击"保存更改"按钮，即可保存好更改的分类设置，见图3-4-22。

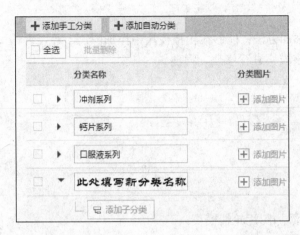

图 3-4-21 操作步骤示意图（5）

图 3-4-22 操作步骤示意图（6）

 实操训练

1. 案例分析

在店铺宝贝分类中设置"笔记本电脑"和"平板电脑"两个主分类，在"笔记本电脑"主分类下设置子分类"苹果""联想""华硕""惠普"，在"平板电脑"主分类下设置子分类"苹果""三星""华为""联想"。在图片空间的宝贝图片文件夹内依据上述宝贝分类进行宝贝图片文件夹的划分。

2. 同步实训

【业务背景】依据网店装修需要，业务员小周要对店铺宝贝进行分类及管理。

【实训要求】能够正确实现店铺图片空间的管理。

【实训说明】

1）完成店铺宝贝分类设置。

2）完成店铺图片空间管理。

任务五　制作图片轮播

 任务目标

知识目标：了解图片轮播的基本功能及相关参数，掌握在电商平台中图片轮播功能

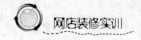

的设置技巧与注意事项。

能力目标：掌握图片轮播模块的添加方法；能够在轮播模块中添加图片，并设置轮播的相关参数；能够根据实际需要对该模块进行修改、管理。

 **任务内容**

1．完成图片轮播模块的添加与设置。
2．完成图片轮播模块的管理。

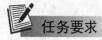 **任务要求**

1．在电商后台中设置布局单元，添加图片轮播模块。
2．设计适合图片轮播模块大小的图片，将其添加到模块中，并设置相关参数。
3．根据需要对图片轮播模块进行修改。

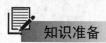 **知识准备**

1．图片轮播

图片轮播是在同一个网页位置添加多个图片，然后通过脚本语言进行控制，使图片手动或自动进行轮换显示。由于其动态效果容易引起浏览者的关注，并且能够充分利用有限的网页界面空间展示大量内容，加上其超链接功能，因此图片轮播在网店中被广泛使用。

而在电商平台中，卖家可以通过图片轮播的图片动态翻页进行爆款、活动展示，而且多数平台免费提供该功能服务，卖家不需要自行开发，操作简单，图片翻转起来流畅，很少出现错误。

【练一练】登录淘宝网卖家中心，在后台的店铺装修中找到图片轮播模块，在布局单元中添加左侧栏，并且将图片轮播模块加入该栏目中。

2．图片尺寸

图片尺寸是指要进行轮播的图片的大小，若图片大小不合适不仅会影响其美观程度，甚至有可能导致程序出现错误。因此，在设计轮播图片前要先进行规划，避免后期因为尺寸问题重新调整，因为这有可能导致图片失真或变形。

在淘宝网平台中，新旺铺专业版通栏宽度为 950px，左侧栏为 190px，右侧栏为750px，而新旺铺基础版左侧栏为 190px，右侧栏为 750px，也就是说卖家可以根据实际情况设计 950px、750px 或 190px 宽度的轮播图片。而图片高度可以根据卖家的需要自行设定，但是限制为 100~600px。同一个轮播模块中每张图片的大小必须保持一致，才能确保界面的美观程度。

【练一练】在淘宝网卖家中心的店铺装修中添加左侧栏布局的图片轮播模块，并且准备三张图片，宽高分别为 100×80px、150×120px 和 300×200px。将这三张图片添加到图片空间，在模块中调用这三张图片，观察图片轮播的效果，并思考为什么会出现这样的问题，应该如何修改。

3. 图片地址与链接地址

卖家可以将轮播的图片上传到购买的服务器上或者其他网络空间，但将图片上传到电商平台的图片空间中更好，由此生成图片的网络地址，即图片地址。一般情况下，将图片上传到图片空间，电商平台会提供该图片的链接地址。

而链接地址是指轮播图片的超链接地址，可让客户在浏览图片时，通过单击轮播图片跳转到指定的网页。受平台权限限制，部分卖家在使用链接地址时只能跳转到平台的内部网页。

【练一练】在淘宝网卖家中心的图片轮播模块中添加两张轮播图片，并且为该图片添加超链接到商品详情页，并思考图片地址与链接地址的区别。

4. 显示设置

（1）显示标题
图片轮播不仅可以显示图片，而且可以为轮播模块添加必要的文字说明，如活动标题等，从而使所描述的信息更加完善。

（2）切换效果
切换效果一般包括上下滚动与渐变滚动两种，上下滚动是将图片通过上下方向进行滚动切换显示，而渐变滚动则是将图片通过淡入淡出的效果进行轮换显示。

【练一练】在淘宝网卖家中心的图片轮播模块中添加四张轮播图片，切换到"显示效果"选项卡，设置轮播模块的标题，并且将切换效果设置为渐变滚动，然后修改为上下滚动，体验不同的切换效果。

5. 图片轮播模块管理

完成图片轮播模块设置后，如果后期需要对图片轮播模块进行修改，可以再次进入模块的编辑状态，对图片、标题、切换效果进行修改。在操作功能中，上下箭头可以修改图片的轮播顺序，图片位置越靠上则说明图片越先出现。此外，还可以通过单击"交叉"按钮直接删除图片。

【练一练】在图片轮播模块中更换图片，采用直接替换图片链接的方式和先删除再添加的方式进行更换，更换后调整图片的轮播顺序。

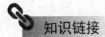 知识链接

【扫一扫】扫一扫二维码，了解在淘宝网平台中如何利用自定义模块，结合代码实现图片轮播功能。

【搜一搜】在搜索引擎中输入关键词"图片轮播""图片轮播代码""图片轮播 HTML""图片轮播 JS"，学习相关知识。

如何自定义模块

 实操范例

【业务背景】童景生物科技有限公司的技术员小王按照公司电商推广的计划，进行商品拍照、抠图、替换背景和修饰，并且对公司的产品进行了分类。接下来需要将几张广告图片设置成轮播的效果，以达到宣传公司产品的目的，为后续工作做准备。

【实操步骤】

1）准备要轮播的图片。可以使用自己拍的照片，也可以上网查找。图片的尺寸并不固定。右击轮播图，在弹出的快捷菜单中执行"属性"命令就能看到图片大小（建议：宽度为 900px，高度为 480px），然后把自己的图片改成这个尺寸。

2）图片需要上传到网上，淘宝网为卖家准备了一个放图片的空间。进入"卖家中心"页面，单击图片空间，再单击"上传图片"按钮，见图 3-5-1。上传完成后，可以单击图 3-5-2 中的"复制链接"按钮得到图片的地址，见图 3-5-2（现在先不用复制链接）。

图 3-5-1　操作步骤示意图（1）

图 3-5-2　操作步骤示意图（2）

3）选择"卖家中心"→"店铺装修"→"页面编辑"选项，就可看到图 3-5-3 的页面，单击"编辑"按钮就能进行操作。假如在"页面编辑"窗口中没有找到图片轮播模块，可以在左侧栏中拖动新的图片轮播模块到编辑区中，见图 3-5-4。

图 3-5-3 操作步骤示意图（3）

图 3-5-4 操作步骤示意图（4）

4）在内容设置中，通过打开图片空间复制相应的链接获得图片地址，将其粘贴在文本框里即可。链接好地址后，单击这张轮播图片，就能打开相应的宝贝，可在发布了商品之后再填。一般轮播 3～5 张图，通过"添加"按钮来添加。通过"移动"按钮来上下移动，以改变轮播顺序。也可以删除不必要的图片。设置完成后单击"保存"按钮，见图 3-5-5。

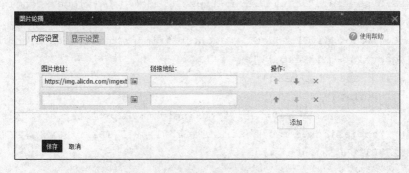

图 3-5-5 操作步骤示意图（5）

5）在图 3-5-6 中根据自己的要求设置显示的效果。需要注意的是，图片高度需和准

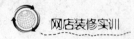

备的图片一致，否则显示不完全。设置完后单击"保存"按钮。

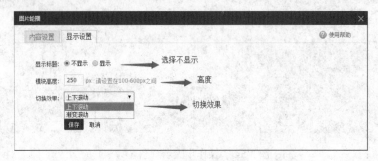

图 3-5-6 操作步骤示意图（6）

实操训练

1. 案例分析

淘宝网的店铺大部分采用图片轮播模块进行装修。打开一家店铺，找一找这家店铺中哪些地方用到了图片轮播，并且思考这个模块主要用于宣传什么内容，起到了什么效果。

2. 同步实训

【业务背景】依据网店装修需要，业务员小周要采用图片轮播模块对网店进行装修。

【实训要求】完成图片轮播模块的添加与设置及图片轮播模块的管理。

【实训说明】

根据下面提供的一段图片轮播代码，将图 3-5-7 中的两张图片做一个图片轮播广告，其中图片地址可以替换为自己上传的图片地址。

```
<div style="width:190px;height:422px;" class="slider-promo J_TWid
get" data-type="fade" data-widget-type="Slide" data-widget-config="{&qu
ot;activeTriggerCls&quot;:&quot;current&quot;, &quot;effect&quot;:&quot;
fade&quot;, &quot;navCls&quot;:&quot;lst-trigger&quot;, &quot;contentCls
&quot;:&quot;lst-main&quot;}">
    <ul class="lst-main">
        <li>
            <a style="width:190px;height:422px;" target="_blank"> <
img src="//gdp.alicdn.com/imgextra/i3/2750110978/TB2lrx8uXXXXXXIXXXXXXX
XXXXX_!!2750110978.jpg" /></a>
        </li>
```

```
        <li>
                <a style="width:190px;height:422px;" target="_blank"> <
img width="190px" src="//gdp.alicdn.com/imgextra/i4/2750110978/TB2Z0NEu
XXXXXabXpXXXXXXXXXX_!!2750110978.jpg" /></a>
        </li>
        <li>
                <a style="width:190px;height:422px;" target="_blank"> <
img src="//gdp.alicdn.com/imgextra/i4/2750110978/TB2qTxGuXXXXXX7XpXXXXX
XXXXX_!!2750110978.jpg" /></a>
        </li>
    </ul>
    </div>
```

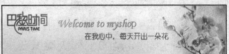

图 3-5-7　需要使用的图

任务六　制作微海报

 任务目标

知识目标：了解微海报的概念及其传播优势；掌握微海报的两种基本制作方法、预览与发布，并理解体现微海报效果的三个指标。

能力目标：能够通过进入微海报平台，并且能够根据主题要求使用模板创建相应的微海报，制作完毕后预览并发布，利用社交软件进行宣传，并通过后台的指标数据对微海报进行优化。

 任务内容

1．利用模板完成微海报的设计与制作。
2．对微海报进行推广，并分析相关数据变化。

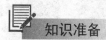 任务要求

1．在电商后台中利用模板设置微海报。
2．预览并完善微海报，然后正式发布微海报。
3．比较同一用户与不同用户访问微海报后，后台指标数据发生的变化。

知识准备

1．微海报

微海报是一种 HTML5 页面，该类型页面不仅包括多种网页元素，而且可以添加动画，是用于品牌展示、活动推广、客户互动的工具。在电商平台中，淘宝网提供了微海报，由旺铺官方出品。微海报制作的页面可以像幻灯片一样，在图片、文字、音乐中加上了自己的创意，是为了解决卖家在淘宝网以外进行无线引流困难问题所推出的海报工具。卖家使用该工具生成微海报后，可在社交网络直接分享和传播该海报，单击微海报后可直达店铺、商品、活动，实现真正的"无线引流"，并且能对引流数据进行监控。微海报是当前非常流行的互联网营销方式，部分网店会被社交工具屏蔽，而微海报能够帮助网店卖家轻松聚合站外流量，将其回流到店铺促成交。

【练一练】打开浏览器，借助搜索引擎查找有哪些微海报的制作平台。

2．微海报的优势

微海报主要有以下几点优势。①微海报是展现在智能手机上，企业用于品牌展示、活动推广、客户互动的工具。②微海报能根据创意做成电子海报、邀请函、手机商城、手机官网、个人名片、问卷调查表甚至快餐菜单等。③微海报与其他传统广告有较大的区别，传统广告主要以户外、纸质、杂志、电视广告为主，受时间、环境、地域限制，且成本相对较高，具有收益小、难以持续、更新较慢、无法准确地推送给目标群体等缺点，而微海报主要作用于手机等移动端用户，可以自己制作个性化海报，具有成本低、随时更新、持续时间长、不受地域所局限、精准推广等优点。④一个普通的海报尺寸一般不大，打开速度快。

【练一练】登录淘宝网卖家中心，找到微海报平台，选择一个模板并且发布查看，观察微海报具有哪些元素，在传播的过程中具有哪些特点。

3. 微海报创建的方法

以淘宝网为例, 若要创建微海报可以进入"卖家中心"的"店铺装修"页面, 选择导航栏中的"微海报"选项 (图 3-6-1) 进入微海报平台。该平台与淘宝网卖家的账户相通, 主要组成模块包括模板市场、我的海报与数据效果。

图 3-6-1 导航栏

(1) 使用模板创建

微海报平台提供了大量的模板供卖家免费使用, 使用模板能够大量节省开发时间, 卖家只要在操作界面修改文本内容, 换上自己的商品就可以发布使用了。只有选择合适的模板, 才能制作出精美的微海报, 因为模板往往是设计师设计好的, 效果较好, 所以这种方式适合入门级用户操作。也可进入设计器, 按照自己的需要来加工或修改模板, 增删微海报的页数, 使模板更加个性化, 符合自己的宣传需要, 见图 3-6-2。

图 3-6-2 设置模板

(2) 使用空白微海报创建

微海报平台在组件库中提供了大量元素, 如文本、图像、形状、视频, 甚至店铺商

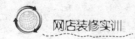

品、链接、红包、游戏等。利用这些元素，卖家可以根据自己的需要设计出丰富多彩的微海报，同样的，海报的页数也可以自己决定。但是这要求卖家从零开始设计，需要具备一定的设计能力，一般设计者会先选择合适的模板再进行修改，因此这种创建方法相对比较少用。

【练一练】进入微海报平台，并且分别使用平台中的模板和空白微海报创建关于服装促销的微海报（简单设计即可），并且对比这两种方法的优缺点。

4. 预览与发布

预览的功能是在微海报制作的过程中，为了检查整体的设计效果，将微海报在浏览器中的虚拟移动设备上进行查看，此时只有设计者能够看到微海报。发布则是将设计完善的微海报发布到网络中，此时用户可以通过二维码、链接分享等方式在真实的移动设备上浏览微海报。如果对发布的微海报不满意，设计者可以对微海报进行修改并重新发布。

【练一练】登录淘宝网的微海报平台，使用模板制作一个简单的微海报，并且将微海报发布出来。思考发布的过程中生成的二维码的作用，以及如何利用二维码进行有效传播。

5. 数据效果

微海报平台提供了访问数据，供卖家对其进行全面分析以统计推广达到的效果。在数据效果中可以看到的指标主要包括访客数、浏览量和到店用户数。

（1）访客数

访客数是指微海报各页面在一定时间内被用户查看的次数，即便是同一个用户在该时间段内多次打开或刷新同一个页面，该指标值也会累加。

（2）浏览量

浏览量是指微海报各页面的访问人数。所选时间段内，同一访客多次访问会进行去重，也就是在这个时间段内该用户无论访问多少次，页面指标值只增加一次。

（3）到店用户数

到店用户数是指在微海报访问的用户中，能够成功被吸引进入卖家店铺的用户数量，这个指标是体现微海报引流效果的重要指标。

【练一练】在淘宝网的微海报平台中，使用模板制作一个简单的微海报，并且通过发布浏览及在朋友中传播，观察系统后台中微海报数据指标的变化。

知识链接

【扫一扫】扫一扫二维码，了解通过空白微海报创建微海报的基本操作方法。

【搜一搜】在搜索引擎中输入关键词"微海报""淘宝网微海报""微海报制作""微海报设计"，学习微海报的设计与制作方法。

创建微海报

 实操范例

【业务背景】童景生物科技有限公司的技术员小王按照公司电商推广的计划，进行了商品拍照、抠图、替换背景等一系列准备工作。为了更好地进行宣传，小王决定制作微海报，为后续网络营销做准备。

【实操步骤】

1）进入"我是卖家"→"卖家中心"页面，选择"微海报"选项，见图3-6-3，进入模板市场，见图3-6-4。

图3-6-3　操作步骤示意图（1）

图3-6-4　操作步骤示意图（2）

2）选择一个模板作为微海报，单击"立即使用"按钮，见图 3-6-5。前提是必须先制作几张大小相等的海报图片，如本例中的图片大小为 513×148px。如果设计者有一定的美术功底，也可以选择创建空白微海报制作个性化海报。

图 3-6-5　操作步骤示意图（3）

3）在图 3-6-6 的创作环境中进行编辑。编辑完成后单击"确定"按钮，一个微海报就制作完成了。

图 3-6-6　操作步骤示意图（4）

4）选择"我的海报"选项，见图 3-6-7，就可以看到所编辑的海报了，将鼠标指针移动到相应海报上可以编辑和预览，见图 3-6-8。

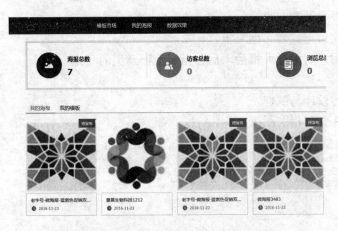

图 3-6-7 操作步骤示意图（5）　　　　图 3-6-8 操作步骤示意图（6）

实操训练

1. 案例分析

图 3-6-9 为某汽车模型网店设计的宣传微海报的四个页面，分析该微海报中具备的元素。如果用于宣传网店，实现真正的引流还需要做哪些修改？

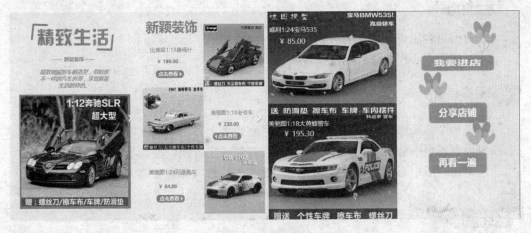

图 3-6-9 宣传微海报的页面

2. 同步实训

【实训要求】

1）在电商后台中利用模板设置微海报。

2）预览并完善微海报，然后正式发布微海报。

3）比较同一用户与不同用户访问微海报后，后台指标数据发生的变化。

【实训内容】

1）利用模板完成微海报的设计与制作。

2）对微海报进行推广，并分析相关数据变化。

任务七　制作客服中心

 任务目标

知识目标：掌握客服中心的功能及基本元素，了解使用自定义模块设置客服中心的基本步骤。

能力目标：能够将客服账号绑定到网店中，并且对客服进行分组创建与归类；能够设置客服中心模块，实现客服功能。

 任务内容

1. 对网店客服进行绑定与分组。

2. 对客服中心模块进行功能设置。

 任务要求

1. 将多个客服账号绑定在网店中，并且创建多个分组，实现客服归类。

2. 设置客服中心模块，包括模块标题、客服工作时间、客服显示、联系方式等。

3. 单击客服中心模块中的客服头像，能够成功弹出与客服聊天的对话框。

 知识准备

1. 客服中心的含义

客服中心是网店中的一个重要模块，方便客户能够与卖家取得联系。客户通过单击

客服中心的图标即可激活电商平台支持的实时通信工具，与卖家进行聊天。图 3-7-1 是淘宝网某家店铺的客服中心，客户通过单击图标可以调用阿里旺旺，见图 3-7-1。

图 3-7-1　客服中心

【练一练】打开淘宝网，并随意打开一家店铺，找到该店铺的客服中心，说说该店铺客服中心的特点，并且尝试单击图标弹出对话框，若不能成功弹出，思考原因。

2. 客服中心的基本元素

（1）工作时间

工作时间是告知用户客服处于工作状态的时间。网店间的竞争相当激烈，好的客户体验是获得商机的重要前提，因此客服的服务质量对网店的成败有一定的影响。说明工作时间的表明，可以让客户知道与客服聊天最合适的时间。除此之外，如果客户在非工作时间给客服留言，客服没有及时响应，在一定程度上也能够获得客户的谅解。

（2）分组设置

网店的客服往往不止一个，这不仅仅是为了满足大量客户访问的需要，而且各个客服按照分类帮助客户解决问题，会显得更加专业，客户也会更加信赖该店铺。大多数网店会按照功能对客服进行分类，一般分为售前、售后、快递、投诉等几个模块，见图 3-7-2。

在淘宝网平台中，在子账号管理模块的员工管理中对客服账号进行绑定，便可在客服分流中的分组设置进行分组创建、客服账号归类等操作。

（3）联系方式

联系方式即除了聊天工具之外其他联系店家的方法，可进一步补充实时聊天工具的不足，一般包括联系电话和联系手机。

【练一练】打开子账号管理模块，将阿里旺旺账号添加到客服账号管理中，并且对客服进行分类。

3. 客服中心的高级设置

利用电商平台提供的客服中心模块可以提供客服服务，但是功能相对受到限制。如果要制作较为个性化的客服中心，则需要卖家在装修店铺的时候使用自定义模块，并且编写代码进行设置，适合有一定网页美工基础的网店装修工。利用自定义模块设置客服

中心的步骤主要包括以下几个。

图 3-7-2　客户分类

（1）设计客服中心底图

客服中心底图除了卖家自定义的背景图案之外，还需要设计客服头像。自定义的自由度较大，设计者甚至可以使用人物头像代替旺旺等聊天工具指定的头像，大小也可以自己定义。

（2）切片

有时，客服头像需要进行切片，对底图上的客服头像进行切片，切片大小与头像大小保持一致，并且将底图保存为 Web 格式。

（3）生成代码

客服中心代码可以通过网络提供的工具自动生成，如"旺遍天下"等，生成后替换切片工具中头像的对应代码。如果对代码比较熟悉，可以只替换头像的超链接，这样可以保留自己设计的头像。

（4）上传代码

将底图保存为 Web 格式之后，将生成的图片上传到电商平台的图片中心，并且利用 Dreamweaver 将网页中的图片替换为图片中心提供的网络地址。然后在网店装修中添加自定义模块，将其转换为源代码界面，将代码粘贴到编辑窗口，并保存和预览。

🔗 知识链接

【扫一扫】扫一扫二维码，了解在自定义模块中，如何使用图像处理工具和编写代码工具制作网店客服中心。

【搜一搜】在搜索引擎中输入关键词"超链接""锚标记""切片工具""客服中心代码""客服代码"等，学习相关知识。

制作网店客服中心

🔍 **实操范例**

【业务背景】童景生物科技有限公司的技术员小王按照公司电商推广的计划，进行了商品拍照、抠图、替换背景等一系列准备工作。为了更好地与客户交流，小王决定在店铺中旋转客服中心模块。

【实操步骤】

1）打开淘宝网卖家专用版生成网址，见图3-7-3。选择在线状态图片风格（这里有三种风格可以选择，以个人喜好自行选择即可）。

2）填写文字提示信息，见图3-7-4。

阿里旺旺账号名：填写旺旺账号。

图片提示文案（可选）：可以自己写，或者选择默认。

3）如果是某客服主号，可选择亮灯是否需要分流，这里选择默认。

4）单击生成所需的代码。单击图3-7-5中的"生成网页代码"按钮即可生成在线客服链接，见图3-7-5，然后链接复制到需要添加的淘宝店铺装修或者网页论坛，即可打开客服中心模块。

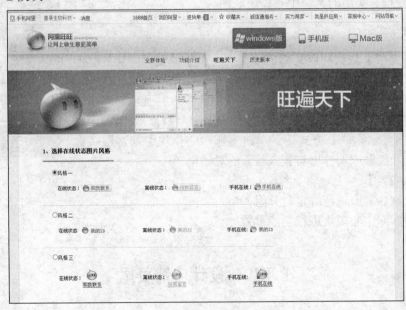

图 3-7-3 操作步骤示意图（1）

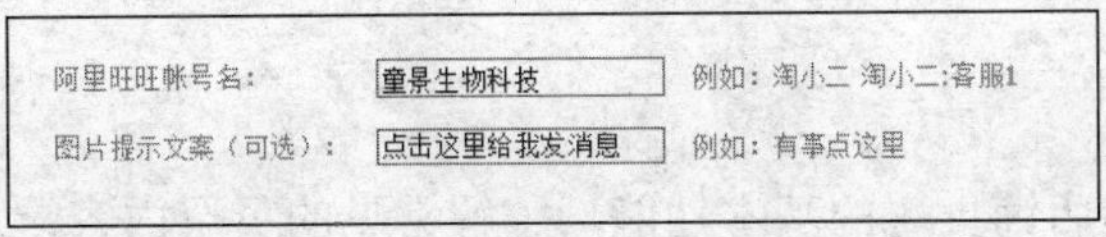

图 3-7-4 操作步骤示意图（2）

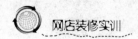

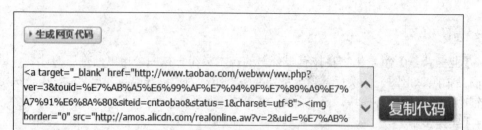

图 3-7-5　操作步骤示意图（3）

 实操训练

1. 案例分析

打开淘宝网，调查网店的客服中心模块，观察每家店铺客服中心的不同之处，并且分析各自的优缺点，然后利用 Photoshop 设计一个较为合理、实用的客服中心模块底图。

2. 同步实训

【业务背景】依据网店装修需要，业务员小周要对网店的客服中心模块进行装修。

【实训要求】将多个客服账号绑定在网店中，并且创建多个分组，实现客服归类；设置客服中心模块，包括模块标题、客服工作时间、客服显示、联系方式等；单击客服中心模块中的客服头像（图 3-7-6），能够成功弹出与客服聊天的对话框。

图 3-7-6　客服中心

【实训内容】

1）对网店客服进行绑定与分组。
2）对客服中心模块进行功能设置。

任务八　设计店铺页尾

 任务目标

知识目标：掌握店铺页尾的基本功能，了解常见的页尾内容，理解页尾代码。

能力目标：掌握店铺页尾的添加；能够使用自定义模块完成相关页尾功能，包括设计页尾的内容与布局；能够使用代码实现相关链接功能。

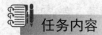

任务内容

1. 完成店铺页尾的内容设计。
2. 利用网页代码实现店铺页尾功能。

任务要求

1. 在电商后台中设置布局单元，添加店铺页尾模块。
2. 合理设计页尾内容，并且利用图像处理工具进行切片，保存为 Web 格式。
3. 利用自定义模块添加店铺页尾，上传页尾代码并修改，实现相关链接功能。

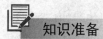

知识准备

1. 店铺页尾的含义

很多卖家都很重视首页顶端的设计装修，有时候会忽略页尾，但是页尾也是一个展示页，客户在打开每个页面的时候都可以看到页尾。

网店页尾默认是放一个布局单元的，一些电商平台要求升级到旺铺专业版才能修改店铺页尾模块，但也能通过自定义模块代替。网页的页头与页尾要相互呼应，使店铺页面看起来更加完整，可以对店铺分流起到很大的作用。

【练一练】登录淘宝网卖家中心，在后台的店铺装修中添加店铺页尾模块，并且尝试以下操作：①在店铺页面中添加多个页尾模块；②在普通店铺编辑页尾模块；③将店铺页尾添加到其他位置。

2. 店铺页尾的常见内容

页尾的装修设计也要注意与整个店铺的风格相统一。在线客服、发货须知、导航、友情链接、店铺信息等，这些都可以放在页尾，在装修的时候，应尽可能地利用好每个部位，这样可充分利用网页空间，为店铺创造更多的价值。

（1）在线客服

客服中心模块可以放在首页的页尾，可展示网店有多少客服在线，也是展示卖家实力的地方。但一般情况下客服中心模块是利用自定义模块编写的，相对比较灵活，而且容易嵌套在页尾模块中。具体的操作方法可以参考本项目任务七中的扫一扫。

（2）发货须知

发货须知是告诉客户，本店的商品将以什么形式交到客户手中，会出现什么问题等。

常见的信息包括快递信息、发货时间、退货说明、关于照片等。其中，快递信息是告诉客户卖家在一般情况下将选择什么快递，如果有特殊需要得先与卖家沟通；发货时间是告诉客户下单到发货需要多长时间，收到快递后要注意什么；退货说明是告诉客户在什么情况下可以退货，什么情况下客户要自己承担风险；关于照片是告诉客户真实商品与网店中展示的图片之间有什么误差。

（3）导航

导航是方便客户浏览到页尾时能够跳转到其他页面或者回到本页面的顶部方便重新浏览，包括首页、回到顶部、热门宝贝、店铺介绍、收藏本店等。导航的制作较为简单，只需要使用超链接即可实现，关键是导航的内容要合理，要能够给客户带来方便，或者能够引导客户消费。

（4）友情链接

友情链接是提供超链接，让客户在浏览完该店铺后可以快速跳转到相关的店铺，一般情况下链接的店铺是该店铺的兄弟店铺或子店铺，不存在竞争关系。而在网店装修中，友情链接是电商平台提供的免费模块，但是由于使用代码制作较为简单，因此也可以直接在自定义模块中实现。

（5）店铺信息

店铺信息指店铺中的公司名称、公司口号等。

【练一练】调查淘宝网中级别较高的店铺的页尾设计，利用 Photoshop 等图像处理工具制作一个店铺页尾。

3. 页尾相关代码

店铺页尾一般是超链接，因此主要使用到的代码是<a>标签。

（1）回到顶部代码

回到顶部代码比较简单，事实上也使用了<a>标签，让超链接指向页面本身，当客户单击超链接时，页面则被重新刷新，这样就回到了页面顶部。在<a>标签的超链接地址中，"#"指代的是跳转到当前页面本身，功能类似于刷新本页，因此回到顶部可以采用如下代码：

```
<a href="#;">回到顶部</a>
```

（2）收藏本店代码

收藏本店代码也是采用<a>标签，不同的是在超链接指向地址时采用了淘宝网收藏店铺的链接地址，只需要将 id 后面的数字 57988233 改为收藏店铺的 id 号即可。打开该店铺首页，浏览器地址栏中网址 shop 后面的数字即店铺 id：

```
<a href="http://favorite.taobao.com/popup/add_collection.htm?id=57
988233&itemtype=0" _fcksavedurl="http://favorite.taobao.com/popup/add_col
lection.htm?id=57988233&itemtype=0" target="_blank" style="color:#919191;
text-decoration:none;">收藏本店</a>
```

【练一练】尝试在记事本或者 Dreamweaver 中输入回到顶部代码和收藏本店代码，可以根据实际需要进行适当修改，将代码文档保存为 HTM 格式，用浏览器打开观察是否能实现相关功能。

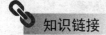

【扫一扫】扫一扫二维码，了解如何使用网页代码实现店铺页尾。

【搜一搜】在搜索引擎中输入关键词"网店页尾""店铺页尾""店铺页尾代码"等，搜索相关店铺页尾知识，学习店铺页尾内容和实现代码知识。

实现店铺页尾

【业务背景】童景生物科技有限公司的技术员小王按照公司电商推广的计划，进行了商品拍照、抠图、替换背景等一系列准备工作，接下来设置店铺的页尾，使其既起到承上启下的作用，也能为客户提供更多的信息。

【实操步骤】

1）进入店铺装修后台，将自定义区域模块拖动到页面最下方，单击"编辑"按钮（图 3-8-1）进入编辑页面。

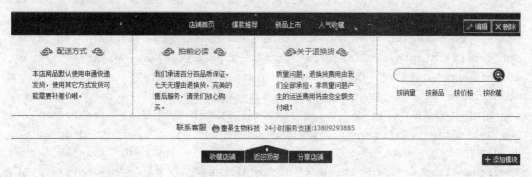

图 3-8-1 操作步骤示意图（1）

2）在弹出的"自定义内容区"对话框中勾选"编辑源代码"复选框，将代码填入编辑框中，并单击"确定"按钮即可，见图 3-8-2。

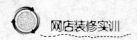

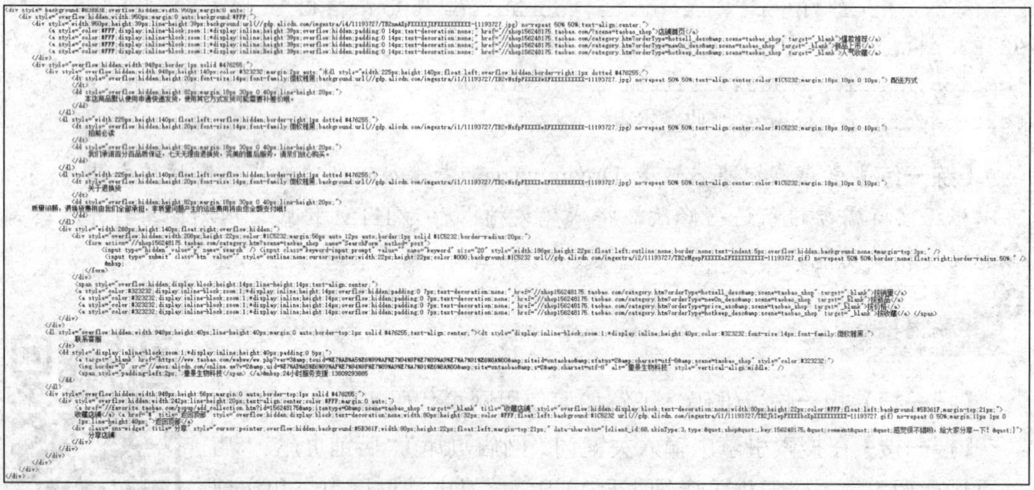

图 3-8-2　操作步骤示意图（2）

源码如下：

```html
<div style="background:#63BB3E;overflow:hidden;width:950px;margin:
0 auto;">
    <div style="overflow:hidden;width:950px;margin:0 auto;background:#
FFF;">
        <div style="width:950px;height:39px;line-height:39px;backgrou
nd:url(//gdp.alicdn.com/imgextra/i4/11193727/TB2nmAXpFXXXXXJXFXXXXXXXXX-
11193727.jpg) no-repeat 50% 50%;text-align:center;">
            <a style="color:#FFF;display:inline-block;zoom:1;*display:
inline;height:39px;overflow:hidden;padding:0 14px;text-decoration:none;"
href="//shop156248175.taobao.com/?scene=taobao_shop">店铺首页</a> <a style=
"color:#FFF;display:inline-block;zoom:1;*display:inline;height:39px;overf
low:hidden;padding:0 14px;text-decoration:none;" href="//shop156248175.ta
obao.com/category.htm?orderType=hotsell_desc&amp;scene=taobao_shop" targe
t="_blank">爆款推荐</a> <a style="color:#FFF;display:inline-block;zoom:1;*d
isplay:inline;height:39px;overflow:hidden;padding:0 14px;text-decoration:
none;" href="//shop156248175.taobao.com/category.htm?orderType=newOn_desc
&amp;scene=taobao_shop" target="_blank">新品上市</a> <a style="color:#FFF;d
isplay:inline-block;zoom:1;*display:inline;height:39px;overflow:hidden;pa
dding:0 14px;text-decoration:none;" href="//shop156248175.taobao.com/cate
gory.htm?orderType=hotkeep_desc&amp;scene=taobao_shop" target="_blank">人
气收藏</a>
```

120

```
            </div>
            <div style="overflow:hidden;width:948px;border:1px solid #4762
55;">
                    <div style="overflow:hidden;width:948px;height:140px;color:
#323232;margin:2px auto;">
                            <dl style="width:225px;height:140px;float:left;overflo
w:hidden;border-right:1px dotted #476255;">
                                    <dt style="overflow:hidden;height:20px;font-size:1
4px;font-family:微软雅黑;background:url(//gdp.alicdn.com/imgextra/i1/11193
727/TB2vNsfpFXXXXXwXFXXXXXXXXXX-11193727.jpg) no-repeat 50% 50%;text-alig
n:center;color:#1C5232;margin:18px 10px 0 10px;">
                                    配送方式
                                    </dt>
                                    <dd style="overflow:hidden;height:82px;margin:18px
 30px 0 40px;line-height:20px;">
                                    本店商品默认使用申通快递发货,使用其它方式发货可能需要补
差价哦。
                                    </dd>
                            </dl>
                            <dl style="width:225px;height:140px;float:left;overflo
w:hidden;border-right:1px dotted #476255;">
                                    <dt style="overflow:hidden;height:20px;font-size:1
4px;font-family:微软雅黑;background:url(//gdp.alicdn.com/imgextra/i1/11193
727/TB2vNsfpFXXXXXwXFXXXXXXXXXX-11193727.jpg) no-repeat 50% 50%;text-alig
n:center;color:#1C5232;margin:18px 10px 0 10px;">
                                    拍前必读
                                    </dt>
                                    <dd style="overflow:hidden;height:82px;margin:18px
 30px 0 40px;line-height:20px;">
                                    我们承诺百分百品质保证,七天无理由退换货,完美的售后服
务,请亲们放心购买。
                                    </dd>
                            </dl>
                            <dl style="width:225px;height:140px;float:left;overflo
w:hidden;border-right:1px dotted #476255;">
                                    <dt style="overflow:hidden;height:20px;font-size:1
4px;font-family:微软雅黑;background:url(//gdp.alicdn.com/imgextra/i1/11193
727/TB2vNsfpFXXXXXwXFXXXXXXXXXX-11193727.jpg) no-repeat 50% 50%;text-alig
```

```
n:center;color:#1C5232;margin:18px 10px 0 10px;">
                        关于退换货
                    </dt>
                    <dd style="overflow:hidden;height:82px;margin:18px
  30px 0 40px;line-height:20px;">
            质量问题，退换货费用由我们全部承担，非质量问题产生的运送费用将由您全额支
付哦！
                    </dd>
                </dl>
                <div style="width:268px;height:140px;float:right;overf
low:hidden;">
                    <div style="overflow:hidden;width:208px;height:22p
x;color:#1C5232;margin:56px auto 12px auto;border:1px solid #1C5232;border
-radius:20px;">
                        <form action="//shop156248175.taobao.com/categ
ory.htm?scene=taobao_shop" name="SearchForm" method="post">
                            <input type="hidden" value="y" name="searc
h" /> <input class="keyword-input prompt" value="" name="keyword" size="20
" style="width:186px;height:22px;float:left;outline:none;border:none;text
-indent:5px;overflow:hidden;background:none;*margin-top:3px;" /> <input t
ype="submit" class="btn" value="" style="outline:none;cursor:pointer;widt
h:22px;height:22px;color:#000;background:#1C5232 url(//gdp.alicdn.com/img
extra/i2/11193727/TB2rMgepFXXXXXnXFXXXXXXXXXX-11193727.gif) no-repeat 50%
 50%;border:none;float:right;border-radius:50%;" /> 
                        </form>
                    </div>
                    <span style="overflow:hidden;display:block;height:
14px;line-height:14px;text-align:center;"> <a style="color:#323232;displa
y:inline-block;zoom:1;*display:inline;height:14px;overflow:hidden;padding:
0 7px;text-decoration:none;" href="//shop156248175.taobao.com/category.ht
m?orderType=hotsell_desc&amp;scene=taobao_shop" target="_blank">按销量</a>
 <a style="color:#323232;display:inline-block;zoom:1;*display:inline;heig
ht:14px;overflow:hidden;padding:0 7px;text-decoration:none;" href="//shop
156248175.taobao.com/category.htm?orderType=newOn_desc&amp;scene=taobao_s
hop" target="_blank">按新品</a> <a style="color:#323232;display:inline-blo
ck;zoom:1;*display:inline;height:14px;overflow:hidden;padding:0 7px;text-
decoration:none;" href="//shop156248175.taobao.com/category.htm?orderType
=price_asc&amp;scene=taobao_shop" target="_blank">按价格</a> <a style="col
or:#323232;display:inline-block;zoom:1;*display:inline;height:14px;overfl
```

```
ow:hidden;padding:0 7px;text-decoration:none;" href="//shop156248175.taob
ao.com/category.htm?orderType=hotkeep_desc&amp;scene=taobao_shop" target=
"_blank">按收藏</a> </span>
                    </div>
                </div>
                <dl style="overflow:hidden;width:948px;height:40px;line-he
ight:40px;margin:0 auto;border-top:1px solid #476255;text-align:center;">
                    <dt style="display:inline-block;zoom:1;*display:inline;
height:40px;color:#323232;font-size:14px;font-family:微软雅黑;">
                        联系客服
                    </dt>
                    <dd style="display:inline-block;zoom:1;*display:inline;
height:40px;padding:0 5px;">
                        <a target="_blank" href="https://www.taobao.com/w
ebww/ww.php?ver=3&amp;touid=%E7%AB%A5%E6%99%AF%E7%94%9F%E7%89%A9%E7%A7%9
1%E6%8A%80&amp;siteid=cntaobao&amp;status=2&amp;charset=utf-8&amp;scene=t
aobao_shop" style="color:#323232;"> <img border="0" src="//amos.alicdn.com
/online.aw?v=2&amp;uid=%E7%AB%A5%E6%99%AF%E7%94%9F%E7%89%A9%E7%A7%91%E6%8
A%80&amp;site=cntaobao&amp;s=2&amp;charset=utf-8" alt="童景生物科技" style=
"vertical-align:middle;" /><span style="padding-left:2px;">童景生物科技</sp
an> </a> 24 小时服务支援:13809293885
                    </dd>
                </dl>
                <div style="overflow:hidden;width:948px;height:56px;margin:
0 auto;border-top:1px solid #476255;">
                    <div style="overflow:hidden;width:242px;line-height:20
px;text-align:center;color:#FFF;margin:0 auto;">
                        <a href="//favorite.taobao.com/popup/add_collecti
on.htm?id=156248175&amp;itemtype=0&amp;scene=taobao_shop" target="_blank"
 title="收藏店铺" style="overflow:hidden;display:block;text-decoration:none;
width:80px;height:22px;color:#FFF;float:left;background:#5B361F;margin-to
p:21px;">收藏店铺</a> <a href="#" title="返回顶部" style="overflow:hidden;di
splay:block;text-decoration:none;width:80px;height:32px;color:#FFF;float:
left;background:#1C5232 url(//gdp.alicdn.com/imgextra/i1/11193727/TB2JkIw
pFXXXXbcXpXXXXXXXXXX-11193727.gif) no-repeat 0 50%;margin:11px 1px 0 1px;l
ine-height:40px;">返回顶部</a>
                        <div class="sns-widget" title="分享" style="cursor:
pointer;overflow:hidden;background:#5B361F;width:80px;height:22px;float:l
```

```
eft;margin-top:21px;" data-sharebtn="{client_id:68,skinType:3,type:&quot;
shop&quot;,key:156248175,&quot;comment&quot;:&quot;感觉很不错哟,给大家分享一
下!&quot;}">
```

分享店铺

```
                </div>
            </div>
        </div>
    </div>
  </div>
</div>
```

3)也可以在 FrontPage 中用表格规划一个 950px 的区域,然后输入内容,最后将源码复制到编辑窗口中,见图 3-8-3。

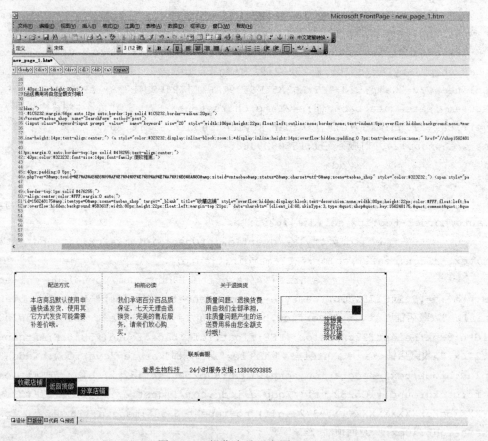

图 3-8-3 操作步骤示意图(3)

实操训练

1. 案例分析

淘宝网的店铺大部分采用图片轮播模块进行装修。打开一家店铺，录找这家店铺中哪些地方使用了图片轮播，并且思考这个模块主要用于宣传什么内容，起到了什么效果。

2. 同步实训

【业务背景】依据网店装修需要，业务员小周要利用自定义模块添加店铺页尾，上传页尾代码并修改，实现相关链接功能。

【实训要求】在电商后台中设置布局单元，添加店铺页尾模块；合理设计页尾内容，并且利用图像处理工具进行切片，将其保存为 Web 格式；利用自定义模块添加店铺页尾，上传页尾代码并修改，实现相关链接功能。

【实训内容】

1）完成店铺页尾的内容设计。

2）利用网页代码实现店铺页尾功能。

相关文字内容如下。

关于快递：本店默认快递为顺丰快递，不到达的地区发 EMS 请补足邮费。

温馨提示：新手请使用购物车功能，VIP 客户可享受优惠政策。

发货时间：每日 17:00 发货，16:00 以前购买当天发货，16:00 以后购买隔日发货。

售后服务：收货后请及时验货，如发现问题请及时联系。

大小：950×230px。

使用工具：文字、自定义形状工具。

任务九　设计店铺整体首页

任务目标

知识目标：了解店铺整体首页设计布局的关联性，领会页头导航的设计与店招的协调搭配，理解店铺活动的类型，了解主推产品图片的特点。

能力目标：能够对店铺的整体首页包括页头导航、店铺活动、主推产品进行有效布局设计。

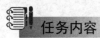任务内容

能够完成店铺整体首页设计。

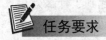任务要求

1．依据售卖产品的类型和特点，完成店铺整体首页设计。
2．完成优质良好的店铺整体首页，使其能够吸引顾客购买商品。

知识准备

1．页头导航

页头导航以一种有条理的方式清晰展示，并引导用户找到信息。页头导航能够为浏览店铺的访问者提供途径，方便其访问店铺的首页、产品分类、新品、店主推荐、清仓专区等区域。导航一定要简洁、直观、明确。

【练一练】在 Photoshop 中设置页头导航尺寸为 150×30px，并加入文字，如首页、产品分类、新品、店铺推荐进行练习。

2．活动主题

活动主题是网店运营手段中最常用、最重要的一环。店铺推出打折促销活动，主题的展示由促销内容、促销产品、促销赠品、宣传品等构成。卖家在突出品牌理念、维护品牌形象的原则下，要使顾客知道这次促销活动的主体内容、促销方式和方法、活动起止时间等。

【练一练】为电器产品网店提供一个活动主题思路。

3．店铺活动

一般常用的店铺活动有"限时打折""满就送""店铺优惠券""搭配套餐"等，可以在店铺里设置产品价格。

【练一练】列出其他店铺活动类型。

4．主推产品

主推产品是指特别推广的产品，是利润高、费用结算快、有资源支持倾向的产品。

卖家通过优化产品、打折促销、买一赠一或者买几赠一、低价等手段来使店铺达到最大销量。

【练一练】说出主推产品的特点。

5. 产品类型

产品类型是某一品牌产品的类别，具体指对产品进行归类。分类方法有根据功能划分，（主要是用途），根据所处的行业内部结构位置划分，根据原材料的来源划分。

【练一练】以女装网店为例，列出产品类型。

 知识链接

【扫一扫】扫一扫二维码，了解撰写店铺首页文案、店铺装修首页配色技巧。

撰写店铺首页文案及装修首页配色

【搜一搜】在搜索引擎中输入关键词"店铺活动方案""店铺首页配色方案""店铺活动专题设计欣赏"，学习相关知识。

 实操范例

【业务背景】童景生物科技有限公司的技术员小王按照公司电商推广的计划，进行了商品拍照、抠图、替换背景，接下来要画出首页的设计图，因为小王觉得，素材资料虽然都已经制作好了，但对店铺整体感觉还是不满意，所以他决定先将首页设计图做出来，然后按照设计图来填充相应的模块，这样首页的整体感觉应该会很好。

【实操步骤】

1）启动 Photoshop，根据公司的要求及自己的设想构造首页图。

2）小王对 Photoshop 的操作已经达到相对熟悉的程度，他已将设计图画出，见图 3-9-1～图 3-9-3（由于篇幅所限，具体操作参考项目二）。

图 3-9-1 设计图（1）

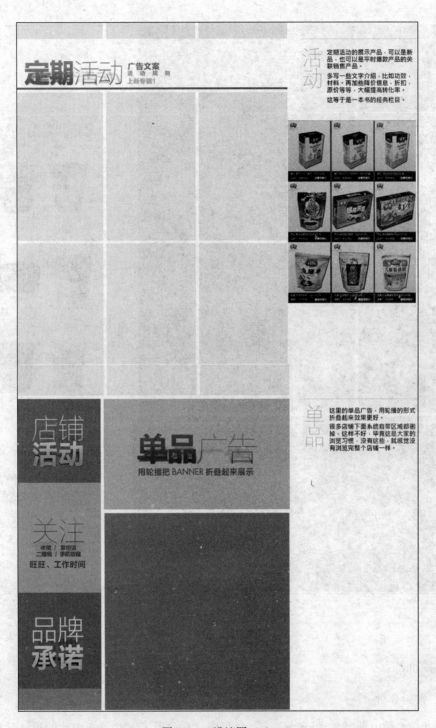

图 3-9-2 设计图（2）

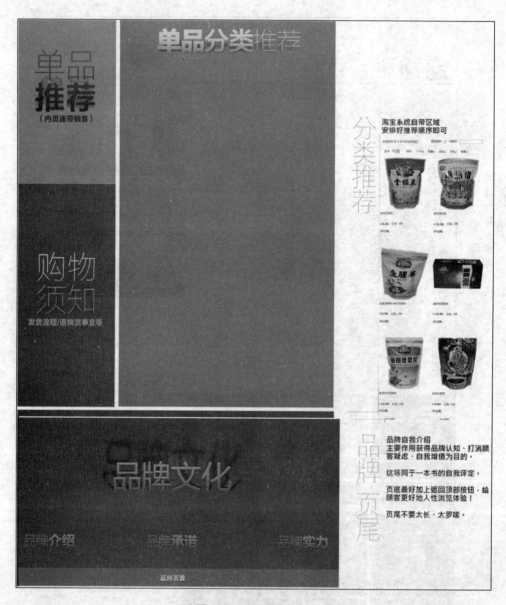

图 3-9-3　设计图（3）

 实操训练

1. 案例分析

图 3-9-4 是中秋节主题活动设计，分析图 3-9-4 用了哪些关于中秋的设计元素，并

分析文案是否合理，是否有需要改进的地方。

图 3-9-4 中秋节主题活动设计

2. 同步实训

【业务背景】店铺整体首页能够吸引顾客购买商品，因此业务员小周要对店铺的整体首页包括页头导航、店铺活动、主推产品进行有效布局设计。

【实训要求】使店铺整体首页能够吸引顾客购买商品。

【实训内容】

1）依据售卖产品类型和特点，完成店铺整体首页设计。

2）完成优质良好的店铺整体首页，使其能够吸引顾客购买商品。

任务十 设计宝贝详情页

任务目标

知识目标：了解宝贝详情页的功能及模块，领会宝贝详情页设计与制作的大体思路，理解宝贝详情页中宝贝展示模块、宝贝细节模块、产品规格参数模块的特点，掌握宝贝详情页的设计步骤。

能力目标：能够对宝贝详情页进行有效布局设计。

任务内容

能够完成店铺宝贝详情页的设计。

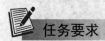

任务要求

1. 依据不同的商品，完成宝贝详情页各模块的设计。

2. 所完成的宝贝详情页能够吸引顾客购买商品。

 **知识准备**

1. 宝贝详情页的功能

宝贝详情页是品牌和理念的传播区域，能提高转化率的入口，激发顾客的消费欲望，增加顾客对店铺的信任感，打消顾客的消费疑虑，促使顾客下单消费。

【练一练】讨论什么样的宝贝详情页能够吸引自己购买商品并收藏店铺。

2. 宝贝详情页的模块

宝贝详情页的基本模块有宝贝展示模块、宝贝细节模块、产品规格参数模块三个模块。另外，还可以增加其他模块，如品牌介绍、搭配推荐、活动促销信息、买家反馈信息、包装展示、购物须知（邮费、发货、退换货、衣服洗涤保养、售后问题等）、宝贝延伸区块——其他关联商品、热销商品推荐等。

【练一练】讨论在购买物品时，宝贝详情页中的哪些模块是影响自己购物的重要因素。

（1）宝贝展示模块

宝贝展示模块是消费者了解宝贝的主界面，它如实地呈现店铺的宝贝，展示店铺商品自身的优势。在网店装修时，要使宝贝展示模块直观地展示产品的功能，使顾客关注产品。通常这个部分以图片的形式来展现，分为摆拍图和场景图两种类型。

【练一练】讨论并列出宝贝展示模块中摆拍图和场景图的不同作用。

（2）宝贝细节模块

宝贝细节模块是让客户了解商品的重要模块，对成交起到关键性的作用。在制作宝贝详情页的时候，要采用清晰、富有质感的图片，附带相应文案介绍，最大限度地把宝贝的优势细节展示出来。通过放大后清晰的细节图，告知顾客这款产品的特点、卖点、材料、做工细节等。

【练一练】罗列出 SWF12P1A-150 苏泊尔热水壶的优势细节。

（3）产品规格参数模块

产品规格参数模块指产品的规格，该模块可以让消费者了解宝贝各方面的属性，使他们放心购买商品。加入产品规格参数模块，才能让客户对宝贝有正确的预估，达到预期的购买要求，降低退换货频率。

【练一练】写出 SWF12P1A-150 苏泊尔热水壶的产品规格参数。

 **知识链接**

【扫一扫】扫一扫二维码，了解顾客关注宝贝详情页的哪些内容及宝贝详情页的设计步骤。

宝贝详情页的被关注内容及设计步骤

【搜一搜】在搜索引擎中输入关键词"设计配色""设计常用字体规范""设计字体下载",学习宝贝详情页设计相关知识。

实操范例

【业务背景】童景生物科技有限公司的技术员小王按照公司电商推广的计划,进行了商品拍照、抠图、替换背景等一系列准备工作,接下来需要设计宝贝详情页。

【实操步骤】

1)进入"我是卖家"→"店铺管理"→"店铺装修"页面,见图 3-10-1。

2)在"店铺装修"页面中选择"首页"选项卡,然后单击"新建页面"按钮,见图 3-10-2。

3)在新建页面中点选"宝贝详情模板"单选按钮,见图 3-10-3。

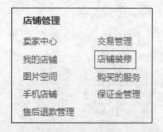

图 3-10-1 操作步骤示意图(1)

图 3-10-2 操作步骤示意图(2)

4)输入模板名称后单击"保存"按钮,见图 3-10-4。

5)将左侧栏中的模块拖动到编辑区合适的位置,见图 3-10-5。

图 3-10-3　操作步骤示意图（3）

图 3-10-4　操作步骤示意图（4）

图 3-10-5　操作步骤示意图（5）

6）将鼠标指针放在已拖动的模块上单击"编辑"按钮，见图3-10-6。

7）在编辑窗口中设置相应的选项后单击"保存"按钮，见图3-10-7。

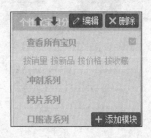

图3-10-6 操作步骤示意图（6）

图3-10-7 操作步骤示意图（7）

8）选择"页面装修"中的"页面管理"选项，然后单击笔状按钮，见图3-10-8。

图3-10-8 操作步骤示意图（8）

9）选择要使用本模板的宝贝后单击"完成"按钮，见图 3-10-9，预览后单击"发布"按钮即可。

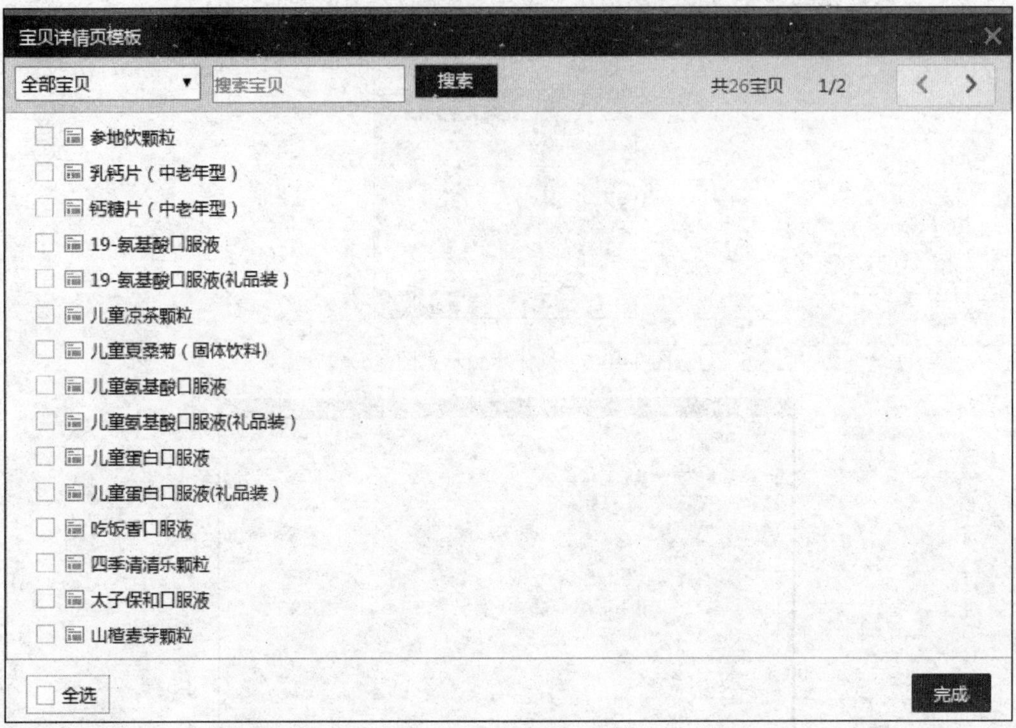

宝贝详情页模板	✕

全部宝贝 ▼	搜索宝贝	搜索	共26宝贝 1/2 ‹ ›

- ☐ 📇 参地饮颗粒
- ☐ 📇 乳钙片（中老年型）
- ☐ 📇 钙糖片（中老年型）
- ☐ 📇 19-氨基酸口服液
- ☐ 📇 19-氨基酸口服液(礼品装）
- ☐ 📇 儿童凉茶颗粒
- ☐ 📇 儿童夏桑菊（固体饮料)
- ☐ 📇 儿童氨基酸口服液
- ☐ 📇 儿童氨基酸口服液(礼品装）
- ☐ 📇 儿童蛋白口服液
- ☐ 📇 儿童蛋白口服液(礼品装）
- ☐ 📇 吃饭香口服液
- ☐ 📇 四季清清乐颗粒
- ☐ 📇 太子保和口服液
- ☐ 📇 山楂麦芽颗粒

☐ 全选 　　　　　　　　　　　　　　　　　　　　　　　　　　　　　　完成

图 3-10-9　操作步骤示意图（9）

实操训练

1. 案例分析

图 3-10-10 是制作的六神花露水的宝贝详情页的产品介绍模块，讨论该模块涵盖的内容。若还可以增加，可增加哪些模块？该图片有哪些地方可以调整？

2. 同步实训

【业务背景】依据网店装修需要和商品类型，业务员小周要完成宝贝详情页各模块的设计。

【实训要求】完成宝贝详情页的设计。

【实训内容】

1）新建一个 790×820px 的文件。

2）添加图片素材，若不合适可以对图片进行调整。

3）添加文字版块内容。

产品介绍

祛痱止痒提神

产品名称： 六神花漾清新花露水

产品规格： 180ML

保质期： 三年

商品产地： 上海

产品成分： 水、冰片、香精、薄荷醇、忍冬花提取物、黄檗树皮提取物、地黄根茎提取物、天门冬提取物、金钗石斛茎提取物、六神原液等。

使用方法： 避火使用，于阴凉通风处储存；孕妇慎用；请放置于婴幼儿触及不到的地方；外用品，勿食用；儿童应在成人监护下使用；

图 3-10-10 产品介绍模块

任务十一 设计宝贝主图

任务目标

知识目标： 了解用户视觉浏览习惯，领会网店商品在竞争中靠的是突出差异化，了解主图背景类型，理解设计主图时需重点展示产品卖点及优化产品卖点创意。

能力目标： 能够对商品主图进行设计定位，能够使用绘图软件设计出适用于网店商品使用的主图。

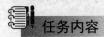

任务内容

能够完成网店商品的主图设计。

任务要求

依据不同类别的商品，分析消费人群，进行主图设计。

知识准备

1. 用户浏览习惯

网店装修时需特别分析用户的浏览习惯，这样有利于促进销售和提高品牌亲和力。用户基本的阅读习惯一般是从左到右、从上到下，只关注个别词语和字句，而不是逐字阅读。尼尔森经过眼动研究发现，多数用户浏览页面时视觉热点呈"F"形，所以重要信息应放在前两段。水平注意力倾向研究发现，网络用户花 69% 的时间看左边部分，花 31% 的时间看右边部分，因此设计时要把重要内容放在横向 1/2 和 1/3 处，把次要内容放右边。垂直注意力集中在一眼可见的页面。

【练一练】浏览教师提供的网页界面，共浏览两遍，第一遍按照自己的视觉习惯来浏览，第二遍用笔记录自己视觉习惯的浏览路线，对比是否与大众用户的阅读习惯有一致性。

2. 卖点

卖点即消费理由。卖点的提炼有很多方式，通常利用商品的独特功能，如大小、材料、形状、重量、工艺、功能、细节、颜色、质量、环保、人性化等。最常用的是从产品的功能角度提炼卖点，这也是顾客关注最多的，毕竟产品本身是所有价值的"载体"。卖点的提炼不能太多，数量上控制为一个，不能超过两个。

【练一练】一款新上市的杂粮面条，面条是由燕麦面制作而成的免煮速食面，试构思该产品的核心卖点。

3. 卖点创意

假如卖点的吸引力不够，还可以在卖点上增加创意。具有独创性的卖点能够突破常规，给人新的视觉体验。

【练一练】为婴儿车构思卖点，并增加创意内容，如"可以装进旅行箱的婴儿车"。

4. 主图背景

常见的主图背景有白色背景配产品图片，图片中不添加任何文字，在进行网店装修时，主图背景统一用白色。也有合成的背景，加入与产品相协调的场景图片，合成时要自然、真实；抠出的产品图片配上有标志的背景，简约中突出品牌；主图背景搭配促销元素，如减价、满就减、限时特价、累计销售量标签来进行设计，吸引消费者购买；主图背景中加入卖点文字、产品包装图片、产品图片配套件或赠品展示进行设计，使主图更加丰富，增加产品的差异化。也有的主图背景使用明星同款图进行合成，设计时涉及明星肖像权。

【练一练】为便携式玻璃杯水壶选择合适的主图背景，并说明设计理念。

知识链接

【扫一扫】扫一扫二维码，了解主图设计需避免的误区、优质主图所具备的要素。

【搜一搜】在搜索引擎中输入关键词"主图抠图""Photoshop主图处理""主图设计实操""主图设计案例赏析"，学习主图设计相关知识。

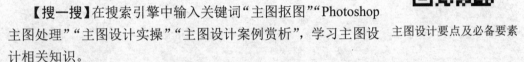

主图设计要点及必备要素

实操范例

【业务背景】童景生物科技有限公司的技术员小王按照公司电商推广的计划，进行商品拍照、抠图、替换背景等一系列准备工作，微海报、客服中心、店铺页尾、店铺首页设计图、宝贝详情页已设计好。接下来就要设计宝贝主图了，好的主图能够使顾客有购买的欲望。

【实操步骤】

1）打开一张拍摄得相对清晰的图片，精度要高，见图3-11-1。

图3-11-1 操作步骤示意图（1）

2）执行"图像"→"画布大小"命令，见图3-11-2。

3）在弹出的"画布大小"对话框中把图片大小设置为300×300px，分辨率为72PPI即可，见图3-11-3。

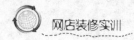

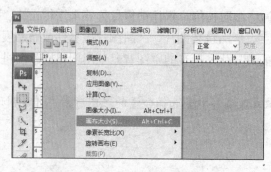

图 3-11-2　操作步骤示意图（2）

图 3-11-3　操作步骤示意图（3）

4）为了提高图片的饱和度和亮度，按 Ctrl+U 组合键，弹出"色相/饱和度"对话框，见图 3-11-4。可以根据图片的特点，对色相、饱和度和明度进行设置，使图片在接近实物的同时比较鲜亮。

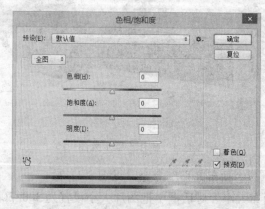

图 3-11-4　操作步骤示意图（4）

5）打开另外一张准备好的水印图，既可以自己制作，也可以从图片网站下载，见图 3-11-5。

图 3-11-5　操作步骤示意图（5）

6）选择移动工具，按住鼠标左键拖动，把水印图拖动到主图上，见图 3-11-6。

图 3-11-6　操作步骤示意图（6）

7）打开出售的宝贝页面，勾选宝贝前面的复选框，单击"编辑宝贝"，见图 3-11-7。

图 3-11-7　操作步骤示意图（7）

8）找到更新主图的位置，选择"上传新图片"选项卡，也可以先将图片上传到图片空间，然后进行选择，见图 3-11-8。选择后填写网店要求的相关信息，然后单击"发布"按钮，见图 3-11-9。信息必须如实填写，并填写完整。

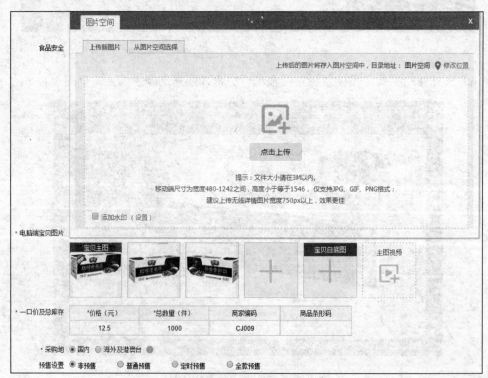

图 3-11-8　操作步骤示意图（8）

图 3-11-9　操作步骤示意图（9）

9) 发布后的样式如图 3-11-10 所示。

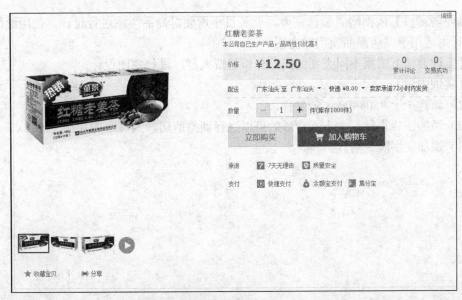

图 3-11-10 操作步骤示意图（10）

实操训练

1. 案例分析

客户要求为 WEICHEN 牌男士钱包（图 3-11-11）设计主图，尺寸为 800×800px。分析如何根据该产品的消费人群，选择适合该产品的背景、突出钱包的卖点进行文案创作，如何更好地展示卖点创意。

图 3-11-11 男士钱包

2．同步实训

【业务背景】依据网店装修需要，业务员小周要对商品主图进行设计，使用绘图软件设计出适用于网店商品使用的主图。

【实训要求】依据不同类别的商品分析消费人群，进行主图设计。

【实训内容】

1）新建一个 950×400px 的文件。

2）添加图片素材，大小不合适的可以进行调整剪切，为每个图片描边（1px）。

3）添加文字版块内容。

项目四 网店高级装修

任务一 制作全屏店招

任务目标

知识目标：了解全屏店招的规格，领会全屏店招对网店的意义，掌握全屏店招的制作流程。

能力目标：能够对网店全屏店招进行独立设置。

任务内容

1. 完成全屏店招的制作。
2. 完成全屏店招的发布。

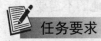

任务要求

1. 根据要求设计一套全屏店招。
2. 使用代码发布全屏店招。

知识准备

全屏店招宽度最大为 1920px，高度纯店招部分是 120px，加上导航栏为 150px。

对于宽屏的代码定位问题，首先要脱离文档流的束缚，最主要的就是 position 属性，具有网页技术基础知识的人都知道这是设置元素定位的，对于这个属性的详细介绍，可以参考"CSS 中 HTML 元素定位 position 参数可选值详解"这篇文章。其次，要利用负边距来移动元素相对父级元素的位置，可以参考"使用 CSS 处理网页布局居中问题"这篇文章。

淘宝网上有一个 footer-more-trigger 的类，这个类设置的是相对定位的属性，使用这个类可以达到想要的效果，代码如下：

```
.footer-more-trigger {
```

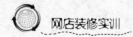

```
        position: absolute;
        padding: 6px 11px 4px 14px;
        width: 37px;
        line-height: 1.3;
        border: 1px solid #fff;
        left: -12px;
        top: -5px;
}
```

其中含义如下。

position:absolute：绝对定位，脱离文档流，即脱离淘宝网的 950 界线，想要实现全屏，就要用到这个属性。

padding：内边距，这里不需要，设置为 padding:0 即可。

width：宽度，这里也不需要，设置为 width:0px 也可以。

line-height：行高，全屏海报不需要设置。

border：边框，必须设置为 border:none，也就是把边框设为无，否则左右上下将会各占 1px。

left：左偏移，模板设置的是-12px，这个不是需要的数值。

top：上偏移，模板设置的是-5px。注意，这里必须设置为 top:auto，也就是自动，千万不要设置为 top:0px。

事实上，只需要用到 class 里的 position:absolute 绝对定位属性，其他的不需要。

学过 HTML、XHTML 的人应该都知道，CSS 的加载顺序为行内样式－内部样式－外部样式，其中行内样式优先级最高，所以在代码中加入 style="top:auto;border:none;padding:0;"将会被加载，而不会再加载模板自带的 CSS 样式。

其实不必非要用 footer-more-trigger 这个类，任何拥有 position 定位的且不会被淘宝网自动过滤的类都可以利用。

【练一练】在 FrontPage 中输入以上代码，并了解各个属性的作用。

🔗 知识链接

【扫一扫】扫一扫二维码，学习全屏店招在线制作方法、全屏店招免代码制作方法、代码店招与非代码店招的区别、店招制作工具的应用。

【搜一搜】在搜索引擎中输入关键词"三角梨在线制作""刚哥哥在线制作"，学习店招在线制作相关知识，并熟悉其制作流程。

制作全屏店招

　实操范例

【业务背景】童景生物科技有限公司的技术员小王按照公司电商推广的计划，进行商品拍照、抠图、替换背景等一系列准备工作，微海报、客服中心、店铺页尾、店铺首页设计图、宝贝详情页、宝贝图已经设计好了。但小王发现在浏览同类商家店铺的时候别人的店招都是全屏的，而自己的店铺却是 950px 的，打算将店招改成全屏的。

【实操步骤】

1）了解全屏店招的构成，见图 4-1-1。

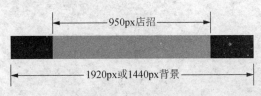

图 4-1-1　操作步骤示意图（1）

该公司店铺的店招其实只有中间 950px 的区域，想做到全屏就要加一个 1920px 或 1440px 的页头背景图，放在绿色的 950px 的后面（也就是黑色的部分），然后把黑色部分换成绿色，就是全屏了（可扫码观看彩图）。

2）了解了结构后，开始做中间 950px 的区域（店招的高度是 120px），新建一个 1920×120px 的文件，见图 4-1-2。

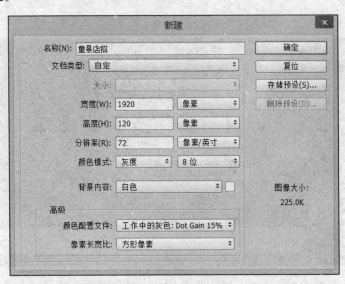

页头背景

图 4-1-2　操作步骤示意图（2）

我们要知道中间 950px 的区域在哪里，所以画了一个 950px 宽的选区和大背景，设置为居中，见图 4-1-3。

删掉绿色的图层，有了辅助线，就知道 950px 的区域了，不用拖动辅助线，把重要内容设计在 950px 的里面即可，见图 4-1-4。

3）为背景做一个渐变或添加图案，这个过程大家可以自由发挥，做出自己的个性，见图 4-1-5。在设计过程中应该考虑网络浏览的速度问题，可以考虑将图片进行切片处理，最好保持中间 950px 的部分为一个完整的切片，见图 4-1-6。

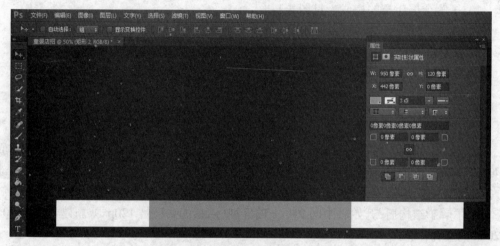

图 4-1-3　操作步骤示意图（3）

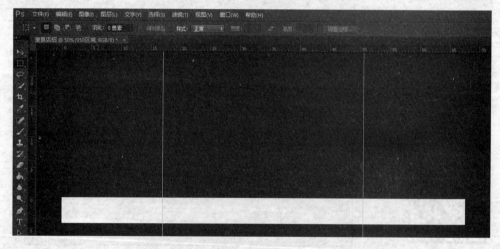

图 4-1-4　操作步骤示意图（4）

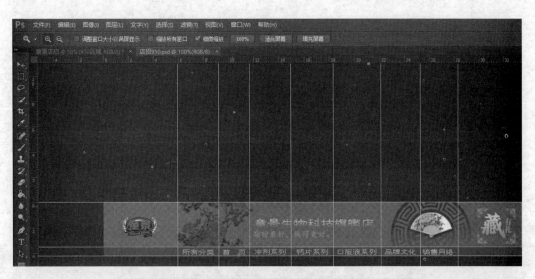

图 4-1-5 操作步骤示意图（5）

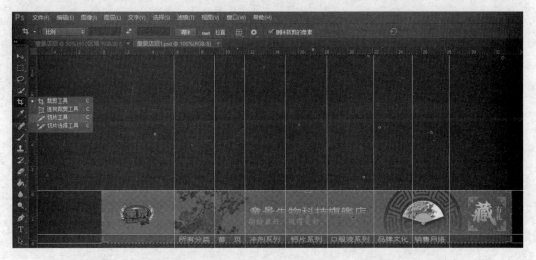

图 4-1-6 操作步骤示意图（6）

4）进行切片制作后将其保存为 Web 格式中的 HTML 和图像格式，见图 4-1-7。这里要注意一个完整的店招里有标志、口号、店名、产品收藏等功能按钮。当然不是所有东西必须全部包括，但必须有店名，还要让顾客知道卖家销售的产品类型。在这里，将导航条也一并放在这个区域的目的是更好地控制店招的整体性，也可以将它们分开分别进行设计。

图 4-1-7　操作步骤示意图（7）

　　裁切的时候一定要紧随辅助线，否则裁切出来的可能不符合实际需要。例如，用辅助线把这张图分成 12 份，要对左边的标志、右边的收藏、下边的导航做相关的链接，要单独切成一块。保存后，切好的图片见图 4-1-8。

　　5）把切好的图片上传到"图片空间"页面。进入"卖家中心"→"图片空间"页面（图 4-1-9），建议在"图片空间"页面中新建目录，见图 4-1-10，在不同目录中存放不同的内容，以方便管理。

　　在"图片空间"页面单击"上传图片"按钮，在上传界面中有两种选择，一种是高速上传，需要安装控件，但支持批量上传图片到空间；另外一种是普通上传，不需要安装控件，但每次只能上传一个图片文件。单击相应按钮后选择相应的目录就可以将其上传至"图片空间"页面，见图 4-1-11。

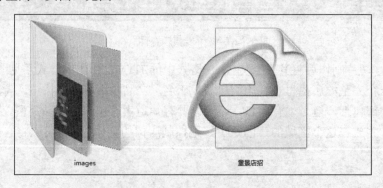

图 4-1-8　操作步骤示意图（8）

图 4-1-9　操作步骤示意图（9）

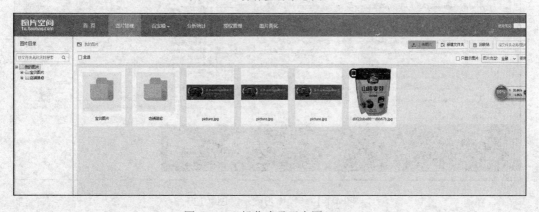

图 4-1-10　操作步骤示意图（10）

图 4-1-11　操作步骤示意图（11）

6）利用 Dreamweaver 或 FrontPage 等软件对图片链接进行修改，见图 4-1-12，所以要将图片换成网店空间的图片地址。这时只需打开图片空间找到相应图片，然后复制链接，最后将本地地址改成复制的远程即可，见图 4-1-13 和图 4-1-14。

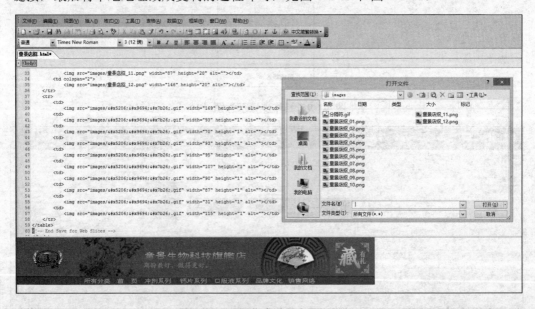

图 4-1-12　操作步骤示意图（12）

图 4-1-13　操作步骤示意图（13）

图 4-1-14　操作步骤示意图（14）

打开文件后选择切片的区域，如童景的标志，双击，弹出对话框，选择"常规"选项卡，将图片地址改成远程图片地址。每一个切片图片地址都要修改，才能保证图片在网店中正常显示。

7）把"<body>"和"</body>"之间的代码全复制后替换以下代码中"<!—可以HTML 代码替换本区域开始—>"与"<!—可以 HTML 代码替换本区域结束—>"之间的内容，然后复制修改后的代码到网店自定义区域中，见图 4-1-15。

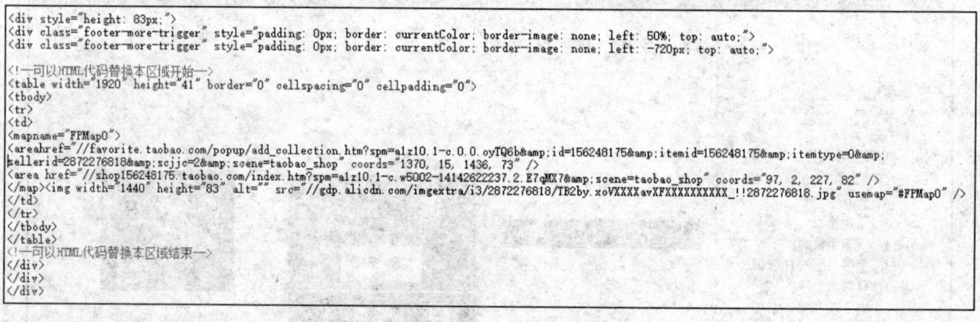

```
<div style="height: 83px;">
<div class="footer-more-trigger" style="padding: 0px; border: currentColor; border-image: none; left: 50%; top: auto;">
<div class="footer-more-trigger" style="padding: 0px; border: currentColor; border-image: none; left: -720px; top: auto;">

<!—可以HTML代码替换本区域开始—>
<table width="1920" height="41" border="0" cellspacing="0" cellpadding="0">
<tbody>
<tr>
<td>
<map name="FPMap0">
<area href="//favorite.taobao.com/popup/add_collection.htm?spm=a1z10.1-c.0.0.oyTQ6b&amp;id=156248175&amp;itemid=156248175&amp;itemtype=0&amp;
sellerid=2872276818&amp;scjjc=2&amp;scene=taobao_shop" coords="1370, 15, 1436, 73" />
<area href="//shop156248175.taobao.com/index.htm?spm=a1z10.1-c.w5002-14142622237.2.E7qMX7&amp;scene=taobao_shop" coords="97, 2, 227, 82" />
</map><img width="1440" height="83" alt="" src="//gdp.alicdn.com/imgextra/i3/2872276818/TB2by.xoVXXXXavXFXXXXXXXXXX_!!2872276818.jpg" usemap="#FFMap0" />
</td>
</tr>
</tbody>
</table>
<!—可以HTML代码替换本区域结束—>
</div>
</div>
</div>
```

图 4-1-15　操作步骤示意图（15）

源码如下：

```
<div style="height: 83px;">
<div class="footer-more-trigger" style="padding: 0px; border: curre
ntColor; border-image: none; left: 50%; top: auto;">
<div class="footer-more-trigger" style="padding: 0px; border: curre
ntColor; border-image: none; left: -720px; top: auto;">

<!—可以 HTML 代码替换本区域开始—>
<table width="1920" height="41" border="0" cellspacing="0" cellpadd
ing="0">
<tbody>
<tr>
<td>
<map name="FPMap0">
<area href="//favorite.taobao.com/popup/add_collection.htm?spm=a1z
10.1-c.0.0.oyTQ6b&amp;id=156248175&amp;itemid=156248175&amp;itemtype=0&am
p;sellerid=2872276818&amp;scjjc=2&amp;scene=taobao_shop" coords="1370, 15,
 1436, 73" />
<area href="//shop156248175.taobao.com/index.htm?spm=a1z10.1-c.w50
02-14142622237.2.E7qMX7&amp;scene=taobao_shop" coords="97, 2, 227, 82" />
</map><img width="1440" height="83" alt="" src="//gdp.alicdn.com/im
```

```
gextra/i3/2872276818/TB2by.xoVXXXXavXFXXXXXXXXXX_!!2872276818.jpg" usemap
="#FPMap0" />
        </td>
        </tr>
        </tbody>
        </table>
        <!--可以 HTML 代码替换本区域结束-->
        </div>
        </div>
        </div>
```

8）返回店铺装修页面，选择店招区域并删除，将基础模块中的自定义区域拖动到店招位置上，将鼠标指针移动到刚刚设置的自定义区域中单击"编辑"按钮，见图 4-1-16。

图 4-1-16　操作步骤示意图（16）

点选"不显示"单选按钮，勾选"编辑源代码"复选框，见图 4-1-17。

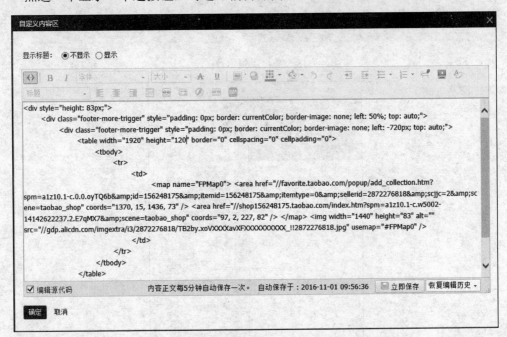

图 4-1-17　操作步骤示意图（17）

9）为"收藏"按钮做链接。在收藏店铺上右击，弹出属性界面。地址就是收藏本店的链接地址，见图 4-1-18。将链接地址全部复制，然后打开童景店招网页文件进行编辑，

打开文件后单击"收藏"按钮，然后右击，在弹出的快捷菜单中执行"超链接"命令，见图 4-1-19。粘贴刚才复制的链接地址即可，见图 4-1-20。把 "<body>""</body>" 之间的代码全部复制后替换以下代码中 "<!—可以 HTML 代码替换本区域开始—>" 与 "<!—可以 HTML 代码替换本区域结束—>" 之间的内容，然后复制修改后的代码到网店自定义区域中，见图 4-1-21。这样，当客户单击"收藏"按钮的时候就可以收藏网店了，见图 4-1-22。

图 4-1-18　操作步骤示意图（18）

图 4-1-19　操作步骤示意图（19）

图 4-1-20　操作步骤示意图（20）

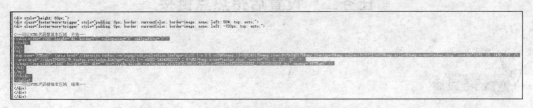

图 4-1-21　操作步骤示意图（21）

图 4-1-22　操作步骤示意图（22）

 实操训练

1. 案例分析

图 4-1-23 是淘宝网上的一个全屏店招模板，尺寸为 1920×150px，模板特点是红色、闪亮、炫酷。由于模板本身的设计，店招导航条上适合放 4～5 个分类或者导航链接。该店招模板包括店招代码（高度为 120px）、导航条 CSS 代码、页头背景。分析该模板

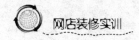

的制作采用了哪些代码。

图 4-1-23　全屏店招模板

2．同步实训

【业务背景】依据网店装修需要，业务员小周要对网店全屏店招进行独立设置。

【实训要求】制作全屏店招并发布。

【实训内容】

1）根据要求设计一套全屏店招。

2）使用代码发布全屏店招。

任务二　设置店招热点链接

　任务目标

知识目标：了解热点链接的作用，领会并掌握热点链接的制作流程。

能力目标：能够对网店热点链接进行设置。

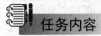　任务内容

1．进行固定背景的制作。

2．进行固定背景的设置。

　任务要求

根据要求设计固定背景，并在网店中进行设置。

　知识准备

1．热点链接的含义

热点链接也称图像映射，是指在一幅图中定义若干个区域，每个区域中指定一个不

同的超链接，当单击不同的区域时便可以跳转到相应的目标页面。

2. 创建热点链接

（1）定义映射区域

定义映射区域使用 map 标记符，在"<map>"和"</map>"之间添加映射区域。添加映射区域使用 area 标记符。该标记符具有三个基本属性。

href：标识出目标的 URL。

shape：说明映射区域的形状，取值可以是 rect（矩形）、circle（圆形）、poly（多边形）。

default：整个图像区域，coords 用于标识映射区域的边界。

（2）对映射区域进行引用

标记了映射区域之后，就可以通过在 img 标记符中使用 usemap 属性来引用相应的映射信息。一个完整的图像映射语法如下：

```
<body>
<map name="FPMap0">
<area href="http://www.tongjing.net/" shape="rect" coords="353, 94,
422, 113">
<area href="http://www.tongjing.net/" shape="circle" coords="168, 5
5, 55">
<area href="http://www.tongjing.net/" shape="polygon" coords="453,
6, 791, 7, 759, 59, 484, 81, 446, 39, 454, 0">
</map>
<img border="0" src="https://img.alicdn.com/imgextra/i2/2872276818/
TB2XhoRfk1M.eBjSZPiXXawfpXa_!!2872276818.png" width="1503" height="114" u
semap="#FPMap0">
</body>
```

map 标记符中，name 属性的取值必须与 img 标记符中 usemap 属性的取值相同，只是 usemap 属性的值前面多了一个#。

【练一练】使用 FrontPage 输入以上代码，观察其变化。

🔗 知识链接

【扫一扫】扫一扫二维码，学习热点链接的语法和路径。

【搜一搜】在搜索引擎中输入关键词"淘宝店招热点链接"，

热点链接的语法和路径

进入相应链接中进行阅读并理解。

实操范例

【业务背景】童景生物科技有限公司的技术员小王按照公司电商推广的计划，进行了商品拍照、抠图、替换背景等一系列准备工作，微海报、客服中心、店铺页尾、店铺首页设计图、设计宝贝详情页、宝贝、全屏店招已设计好，但很多店招都只是图片，单击它后并没有反应，此时就要设置热点链接。

【实操步骤】

1）打开 FrontPage 2003，新建一个 HTML 文件。再到淘宝网图片空间复制店招代码，见图 4-2-1。

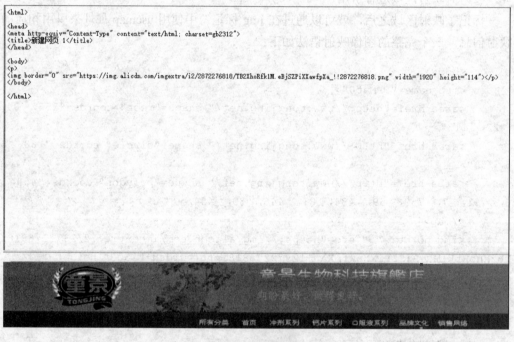

图 4-2-1　操作步骤示意图（1）

2）选择店招，右击，在弹出的快捷菜单中执行"显示图片工具栏"命令，见图 4-2-2。

3）在工具栏上选择方形、圆形、自定义型，见图 4-2-3。

4）使用矩形选框工具选择店招导航中的"所有分类"选项，系统会弹出"插入超链接"对话框，将网店中所有分类项的地址粘贴到地址框中，然后单击"确定"按钮就完成了一个热点链接的操作，见图 4-2-4。以此类推，我们在任何一张图片、任何一个区域都可以做出热点链接，但是要考虑这个热点链接是否有意义。

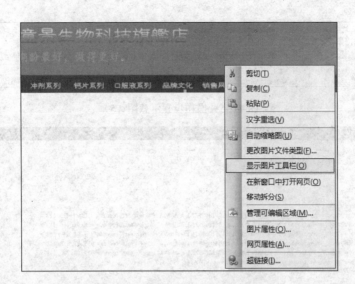

图 4-2-2 操作步骤示意图（2）

图 4-2-3 操作步骤示意图（3）

图 4-2-4 操作步骤示意图（4）

5）将 FrontPage 2003 生成的代码复制到网店装修店招的源代码中，见图 4-2-5 和图 4-2-6。

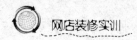

```
<map name="FPMap0">
<area href="https://www.taobao.com/?spm=a1z10.1-c.1581860521.1.wXUnWA" shape="rect" coords="358, 90, 423, 113">
<area href="https://www.taobao.com/?spm=a1z10.1-c.1581860521.1.wXUnWA" shape="rect" coords="425, 91, 486, 113">
<area href="https://www.taobao.com/?spm=a1z10.1-c.1581860521.1.wXUnWA" shape="rect" coords="489, 91, 549, 113">
<area href="https://www.taobao.com/?spm=a1z10.1-c.1581860521.1.wXUnWA" shape="rect" coords="555, 87, 618, 113">
<area href="https://www.taobao.com/?spm=a1z10.1-c.1581860521.1.wXUnWA" shape="rect" coords="623, 88, 700, 113">
<area href="https://www.taobao.com/?" shape="rect" coords="706, 88, 771, 113">
<area href="https://www.taobao.com/?spm=a1z10.1-c.1" shape="rect" coords="776, 87, 839, 113">
</map>
<img border="0" src="https://img.alicdn.com/imgextra/i2/2872276818/TB2XhoRfk1M.eBjSZPiXXawfpXa_!!2872276818.png" width="1503" height="114" usemap="#FPMap0"></p>
```

图 4-2-5 操作步骤示意图（5）

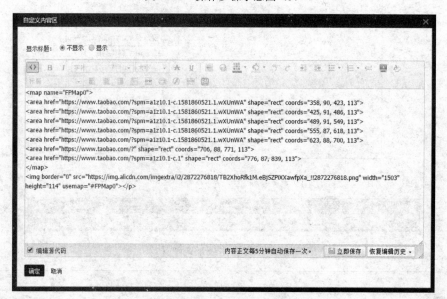

图 4-2-6 操作步骤示意图（6）

 实操训练

1. 案例分析

在搜索引擎中搜索或自行制作一个网店导航并且为其制作矩形热点链接，本案例中需使用到的工具有 FrontPage 2003、Photoshop。

2. 同步实训

【业务背景】依据网店装修需要，业务员小周要对网店热点链接进行设置。

【实训要求】拍摄或搜索并下载合适的产品图片，使用 FrontPage 软件完成热点链接的制作。

【实训内容】

1）在搜索引擎中搜索网店店招，找到一幅合适的图片并下载到本地，若无法下载可截图并保存。

2）使用 FrontPage 2003 为图片的某一区域（自定）制作热点链接。

3）使用 FrontPage 2003 代码功能分析各代码的作用。

任务三　制作全屏轮播海报

 任务目标

知识目标：了解全屏海报的规格，领会全屏海报对网店营销的意义，掌握固定背景的制作流程。

能力目标：能够对全屏海报进行制作及设置。

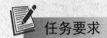 任务内容

1．进行全屏海报的制作。

2．进行全屏海报的设置。

 任务要求

1．根据要求设计全屏海报图片。

2．使用代码发布全屏海报。

知识准备

全屏轮播就是在导航条下面不断滚动的全屏广告图，最多可以放五张大图。这个位置叫作黄金眼，是首屏（第一屏），用来放主推产品或主打的重要活动，让客户对商家所经营的产品及优惠政策一目了然。全屏海报的规格为 1920×1080px。

代码如下：

```
<div class="J_TWidget" data-widget-config="{&quot;navCls&quot;:&quot;hidden- nav&quot;, &quot;effect&quot;: &quot;fade&quot;, &quot;circular&quot;: true , &quot; contentCls&quot;:&quot;bslide_tRkXk&quot;}" data-widget-type="Tabs">
    <div class="J_TWidget bslide_tRkXk" style="height:470px;" data-widget-config="{&quot;navCls&quot;:&quot;hidden-nav&quot;, &quot;effect&quot;: &quot;fade&quot;, &quot;circular&quot;: true , &quot;contentCls&quot;:&quot;bnav_iyBNR&quot;}" data-widget-type="Tabs">
```

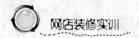
```
        <div style="height:470px;width:1920px;left:-485px;top:0px;" cl
ass="J_TWidget" data-widget-config="{&quot;nextBtnCls&quot;:&quot;next&qu
ot;, &quot;duration&quot;:1.0, &quot;disableBtnCls&quot;:&quot;disable&quo
t;, &quot;easing&quot;:&quot;easeOutStrong&quot;, &quot;interval&quot;:&qu
ot;4&quot;, &quot;effect&quot;:&quot;scrollx&quot;, &quot;navCls&quot;:&qu
ot;scroller-nav&quot;, &quot;true&quot;:true, &quot;steps&quot;:1, &quot;p
revBtnCls&quot;:&quot;prev&quot;, &quot;contentCls&quot;:&quot;scroller-co
ntent&quot;, &quot;autoplay&quot;:true}" data-widget-type="Carousel">
        <div class="J_TWidget prev" data-widget-type="Popup" data-
widget-config="{&quot;trigger&quot;:&quot;.popup_KDFOg&quot;, &quot;align&
quot;:{&quot;node&quot;:&quot;.popup_KDFOg&quot;, &quot;offset&quot;:[-44
5,0], &quot;points&quot;:[&quot;cc&quot;, &quot;cc&quot;]}}" style="cursor:
pointer;width:60px;height:130px;background:#000000 url (//gdp.alicdn.com/i
mgextra/i2/770458061/TB2WUffaXXXXXcQXXXXXXXXXXXX-770458061.gif) no-repeat
 center center;display:none;*filter:progid:DXImageTransform.Microsoft.Alp
ha (opacity=60);opacity:0.6;">
                 
        </div>
        <div class="J_TWidget next" data-widget-type="Popup" data-
widget-config="{&quot;trigger&quot;:&quot;.popup_KDFOg&quot;, &quot;align&
quot;:{&quot;node&quot;:&quot;.popup_KDFOg&quot;, &quot;offset&quot;:[445,
0], &quot;points&quot;:[&quot;cc&quot;, &quot;cc&quot;]}}" style="cursor:p
ointer;width:60px;height:130px;background:#000000 url (//gdp.alicdn.com/im
gextra/i2/770458061/TB2oSbdaXXXXXbyXpXXXXXXXXXX-770458061.gif) no-repeat
center center;display:none;*filter:progid:DXImageTransform.Microsoft.Alph
a (opacity=60);opacity:0.6;">
                 
        </div>
        <div class="scroller popup_KDFOg" style="width:1920px;heig
ht:470px;overflow:hidden;">
                <ul class="scroller-content">
                        <li style="width:1920px;height:470px;overflow:hidd
en;border:none;margin:0;">
                                <a href="//shop156248175.taobao.com/?scene=tao
bao_shop" target="_blank" style="display:block;cursor:pointer;width:1920p
x;height:470px;background:url (//gdp.alicdn.com/imgextra/i1/2872276818/TB2
vQR2ehaK.eBjSZFAXXczFXXa_!!2872276818.jpg) no-repeat center 0;"></a>
                        </li>
                        <li style="width:1920px;height:470px;overflow:hidd
```

```
en;border:none;margin:0;">
                        <a href="//shop156248175.taobao.com/?scene=tao
bao_shop" target="_blank" style="display:block;cursor:pointer;width:1920p
x;height:470px;background:url (//gdp.alicdn.com/imgextra/i4/2872276818/TB2
H0BUdrmI.eBjy1zjXXaq5VXa_!!2872276818.jpg) no-repeat center 0;"></a>
                    </li>
                </ul>
            </div>
            <div class="bnav_iyBNR">
                <ul class="J_TWidget scroller-nav" style="margin-top:6
px;bottom:0px;width:1920px;overflow:hidden;text-align:center;left:0;font-
family:tahoma;padding:10px 0;height:16px;color:#FFF;font-size:10px;bottom:
0;" data-widget-type="Compatible" data-widget-config="{&quot;png&quot;:tr
ue, &quot;png_bg&quot;:true}">
                    <li style="width:20px;height:16px;text-align:cente
r;font-size:24px;display:inline-block;*zoom:1;*display:inline;vertical-al
ign:top;cursor:pointer;overflow:hidden;line-height:16px;">
                        ●
                    </li>
                    <li style="width:20px;height:16px;text-align:cente
r;font-size:24px;display:inline-block;*zoom:1;*display:inline;vertical-al
ign:top;cursor:pointer;overflow:hidden;line-height:16px;">
                        ●
                    </li>
                </ul>
            </div>
        </div>
        <ul class="hidden-nav" style="display:none;height:0;line-heigh
t:0;font-size:0;overflow:hidden;">
            <li class="ks-active">
                1
            </li>
        </ul>
    </div>
    </div>
    <a name="sgmb"></a>
```

效果见图 4-3-1。

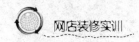

图 4-3-1　效果图

【练一练】使用 Photoshop 制作三张大小一样的海报图片，规格为 1920×470px。

知识链接

【扫一扫】扫一扫二维码，学习全屏海报在线制作方法、全屏海报免代码制作方法、代码店全屏海报和非代码全屏海报的区别、全屏海报制作工具的应用。

【搜一搜】在搜索引擎中运用关键词搜索全屏海报在线制作。例如，输入"淘宝全屏海报代码生成器"，然后进入网站进行操作，熟悉其工作流程。为了突出，可以先用 Photoshop 制作一张相应尺寸的图片，将其上传到网上空间，并将图片地址复制后在全屏海报网站进行粘贴，测试其效果。

全屏轮播海报的制作

实操范例

【业务背景】童景生物科技有限公司的技术员小王按照公司电商推广的计划，进行了商品拍照、抠图、替换背景等一系列准备工作，微海报、客服中心、店铺页尾、店铺首页设计图、设计宝贝详情页、宝贝、全屏店招、热点链接已设计好，店招已经宽屏了，接下来小王想要使海报荧屏，这样才能让版面更美观。

【实操步骤】

1）打开制作网站注册账号，见图 4-3-2。然后登录网站，见图 4-3-3。选择"全屏海报"选项，见图 4-3-4。

图 4-3-2 操作步骤示意图（1） 图 4-3-3 操作步骤示意图（2）

图 4-3-4 操作步骤示意图（3）

2）在图片地址中添加已经做好的图片地址，将图片先上传到淘宝网"图片空间"页面，全屏的图片宽为 1920px，此处制作的尺寸是 1920×500px，见图 4-3-5。

3）图片地址的获取参考全屏店招的制作，链接地址指当用户单击时要链接的页面。假如没有想好，也可以不填。海报宽度和高度根据自己的需要设置，做轮播图海报的高度要一致，见图 4-3-6。

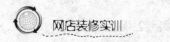

图 4-3-5　操作步骤示意图（4）

图 4-3-6　操作步骤示意图（5）

4）海报按钮可以使用网站默认的，也可以下载，将其上传到图片空间，然后把图片链接复制并粘贴到图 4-3-7 显示的地方即可，注意区分左右。

图 4-3-7 操作步骤示意图（6）

5）轮播时间可根据自己的喜好设置，见图 4-3-8。

6）需要单击海报按钮启用，见图 4-3-9。

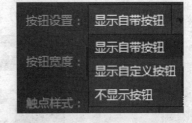

图 4-3-8 操作步骤示意图（7）　　　　图 4-3-9 操作步骤示意图（8）

7）生成代码，见图 4-3-10。

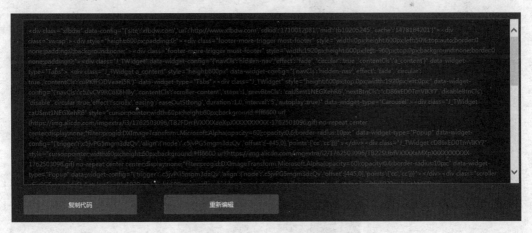

图 4-3-10 操作步骤示意图（9）

8）生成成功后把代码复制过来，见图 4-3-11。

9）将代码复制"卖家中心"→"店铺装修"→"模块"→"自定义区"（图 4-3-12）。中将自定义模块拖动到编辑区中，见图 4-3-13。将鼠标指针移动至自定义模块中，单击"编辑"按钮，见图 4-3-14。点选"不显示"单选按钮，把做好的代码复制进去，见图 4-3-15。

图 4-3-11　操作步骤示意图（10）

图 4-3-12　操作步骤示意图（11）

图 4-3-13 操作步骤示意图（12）

图 4-3-14 操作步骤示意图（13）

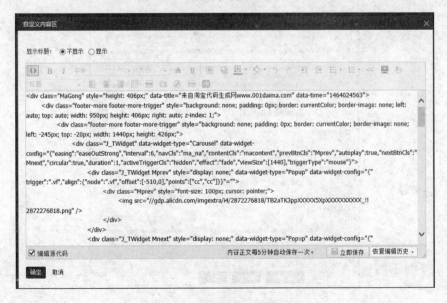

图 4-3-15 操作步骤示意图（14）

实操训练

1. 案例分析

某汽车用品企业要在天猫店首页上设计 1920px 的全屏轮播海报，设计要求主题突出、寓意深刻、简约大气、突显高端科技。根据商家要求，谈谈你的设计思路。

2. 同步实训

【业务背景】依据网店装修需要，业务员小周要制作及设置全屏海报。
【实训要求】根据要求设计全屏海报图片，并使用代码发布全屏海报。
【实训内容】

1）在搜索引擎中搜索全屏轮播海报。
2）下载三张或三张以上 1920×600px 的图片备用，最好为同一色系。
3）使用 Photoshop 修改下载的海报文件。
4）将海报图片另存为 Web 所用格式，然后上传到图片空间。
5）打开轮播网站，按要求填写内容，见图 4-3-16。

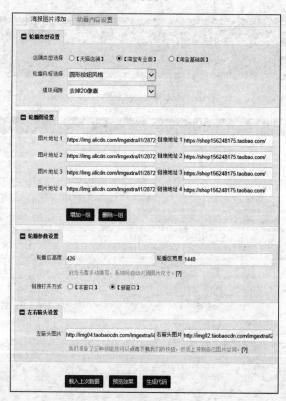

图 4-3-16　设置全屏轮播海报

172

任务四　制作首页固定背景

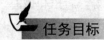

任务目标

知识目标：了解固定背景的作用，领会并掌握固定背景的制作流程。

能力目标：能够对网店固定背景进行设置。

任务内容

1．进行固定背景的制作。

2．进行固定背景的设置。

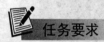

任务要求

根据要求设计固定背景，并在网店中进行设置。

知识准备

首页固定背景在网店开发、运营中的作用功不可没，能使页面风格更加统一，也给人一种清新、大气的感觉。

1）固定背景就是当店铺内容超过两屏以上，往下拉时只有中间的内容在动，背景是固定不动的。

2）固定背景大小是由个人需要决定的，建议为 1920×1080px。

3）固定背景的中间部分是 950px，左右边各 485px。

【练一练】使用百度搜索合适的背景图片（也可以自己制作），然后用 Photoshop 进行美化处理备用。

知识链接

【扫一扫】扫一扫二维码，学习固定背景相关知识。

【搜一搜】在搜索引擎中输入关键词"淘宝店铺装修怎么固定背景"，学习相关知识。

固定背景相关知识

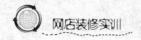

🔍 实操范例

【业务背景】童景生物科技有限公司的技术员小王按照公司电商推广的计划，进行了商品拍照、抠图、替换背景、修饰等一系列准备工作，微海报、客服中心、店铺页尾、店铺首页设计图、设计宝贝详情页、宝贝、全屏店招、热点链接已设计好，店招和微海报也已经宽屏了，但是背景一直跟随着页面移动，接下来就要将背景进行固定。

【实操步骤】

1）启动 Photoshop，设置尺寸为 1920×1080px（一般现在计算机屏幕都是宽屏的，本例以 1920px 为例），两边均匀加上信息，保证页面中间宽度为 950px，两边不被中间的模块遮挡。

效果如下：中间部分尺寸是 950×1080px，可以是白色的，也可以添加相关内容，还可以做一个阴影效果，见图 4-4-1。

图 4-4-1　操作步骤示意图（1）

2）制作好后将其保存成 JPG 或 PNG 格式的图片备用，见图 4-4-2。

图 4-4-2　操作步骤示意图（2）

3）进入"卖家中心"→"店铺管理"→"店铺装修"页面，见图 4-4-3。

图 4-4-3　操作步骤示意图（3）

4）在"页面"页面中单击"更换图片"按钮，在弹出的"打开"对话框中选择制作好的背景图片，勾选"锁定"复选框，见图 4-4-4。

图 4-4-4　操作步骤示意图（4）

5）单击"预览"按钮进行预览，满意则单击"发布站点"按钮即可，见图 4-4-5。

图 4-4-5　操作步骤示意图（5）

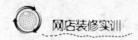

实操训练

1. 案例分析

在搜索引擎中搜索或自行制作或扫一扫下载相应的固定背景图片并进行处理，处理完成后进行网店背景设置，本案例中使用的工具有 FrontPage 2003、Photoshop。

2. 同步实训

【业务背景】依据网店装修需要，业务员小周要对网店背景进行设置。

【实训要求】根据要求进行网店背景设置。

【实训内容】

1）通过百度或扫一扫功能下载固定背景图片。

2）利用 Photoshop 对合适的图片进行处理。

3）将图片存放到本地硬盘上。

4）进入网店后台将图片设定为背景。

任务五　自定义网店管理工具

任务目标

知识目标：了解网店管理系统的作用，领会并掌握网店管理系统的使用与设置。

能力目标：能够使用常用的网店管理系统。

任务内容

1. 了解网店管理系统的种类。

2. 掌握网店管理系统的使用方法。

任务要求

根据要求使用网店管理系统管理网店。

知识准备

1. 网店管理软件

网店管理软件是指管理软件提供商为网店经营者提供的一种进销存软件、平台辅助软件、销售支持软件，以及其他面向用户习惯和用户需求的支持软件。

2. 网店管理软件的发展历程

网店管理软件出现在 21 世纪初全球网店高速发展时期，初期的网店管理软件功能比较单一，操作也比较烦琐。

随着 C2C（Consumer to Consumer，消费者间）流程的完善，更多的开发人员参与进来，也有不少的软件公司加入这个行列。这时的网店管理软件能够很好地贴近卖家用户的实际操作，并且能够很好地支持 C2C 大平台的交易流程；能对用户的库存、物流、店铺管理起到帮助作用但是对于销售决策的支持，也就是满足部分职业卖家的人工智能的数据分析，还是做不到，或者是不能做得很好。

随着各种功能的不断积累，各种版本的不断改进，市场上网店管理软件的种类繁多，而且能适应用户某些特定的需求。例如，淘宝网助理的指定页面下载，可以把指定页面的指定商品下载到自己的店铺中；可以对用户的销售决策提供数据支持，如用户访问量统计分析的量子衡道；可以对用户的流程进行规范管理，如 ERP（Enterprise Resource Planning，企业资源计划）管理软件，涉及企业的进销存管理、订单管理、客户管理，解决电商跨平台线上线下业务管理难题等。近些年，网店管理软件引进了大数据功能，能够帮助网商提供准确、详尽的大数据文件，帮助网商做出较准确的决策。

3. 网店管理软件的分类

（1）安装类管理软件

安装类管理软件由软件提供商提供安装源，用户只要安装于个人计算机或服务器上即可对网店进行商品管理、销售管理、库存管理，使进销存一目了然。安装类管理软件包括以下常见内容：实时显示库存，库存管理，订单管理，入库、出库数据，数据统计报表，网银（如支付宝）的管理及发货流程的管理。

（2）应用服务软件

应用服务软件是一种信息化租用管理平台，即云 ERP 软件，也就是在云计算模式下，服务商提供一整套网络销售软件与服务器等硬件设备和专业服务，网店主、网商每月只需支付少量租金，将网商的计算机通过互联网接入服务平台，就可享受到电子商务 IT 服务系统，包括网店的商品管理、订单管理、物流管理、销售管理、客服管理、顾客管理、财务管理等一整套网上零售的信息化系统便利，随时远程掌控网店运营的各种信息，轻松进行网店管理。

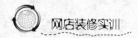

4. 常用的网店管理软件

常用的网店管理软件有甩手掌柜网店管理、网店进销存管理软件、魔手美工网店装修软件、七彩色网店图片批量处、网店卖家助手三剑客、秀网店淘宝代码生成工、淘打、美图淘淘、京东商家助手、千牛、阿里旺旺卖家版、淘宝助理、微信公众平台管理系统、蓝云统计、可牛影像、天迹淘宝货源小管家、万销、淘宝店铺宝贝链接提取工具、TaobaoUp（淘宝自动上架工具）等。

【练一练】安装阿里旺旺及千牛，熟悉其安装步骤及常用功能。

【扫一扫】扫一扫二维码，了解常用网店管理工具。

【搜一搜】在搜索引擎中输入关键词"京东网店管理""甩手掌柜"，搜索相应的软件并下载、安装，对比各个软件之间的异同。

常用网店管理工具

【业务背景】童景生物科技有限公司的技术员小王按照公司电商推广的计划，进行了商品拍照、抠图、替换背景等一系列准备工作，微海报、客服中心、店铺页尾、店铺首页设计图、设计宝贝详情页、宝贝、全屏店招、热点链接已设计好，店招和海报也已经宽屏了，背景也固定了，接下来就要研究常用的网店管理工具。

【实操步骤】

1）访问 http://zhuli.taobao.com 下载淘宝助理，见图 4-5-1。

图 4-5-1 操作步骤示意图（1）

2）使用淘宝助理上传宝贝。

① 使用已经注册的账号和密码登录淘宝助理，见图 4-5-2。

② 切换到宝贝管理面板，在"本地库存宝贝"选项中单击"创建宝贝"按钮，见图 4-5-3。

图 4-5-2 操作步骤示意图（2）

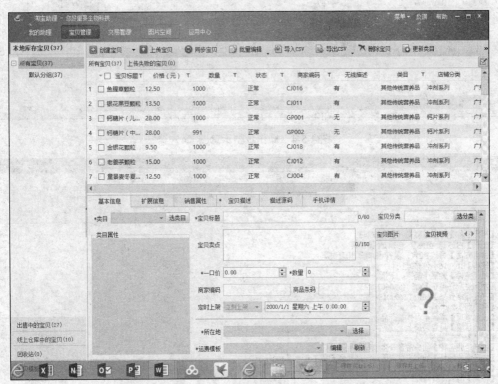

图 4-5-3 操作步骤示意图（3）

③ 在宝贝基本信息中设置宝贝标题、分类、价格、发货方式和地点、运费、售后说明、宝贝缩略图、宝贝类别及关键属性，尽可能填写详细，见图 4-5-4。

网店装修实训

④ 选择"宝贝描述"选项卡，填写内容，单击"验证"按钮，当提示验证成功时单击"保存并上传"按钮，见图4-5-5，再次单击"上传"按钮，见图4-5-6，在没有报错时宝贝就上传完毕了。假如系统报错，按照提示进行修改或提供相应资料进行备案后再上传。

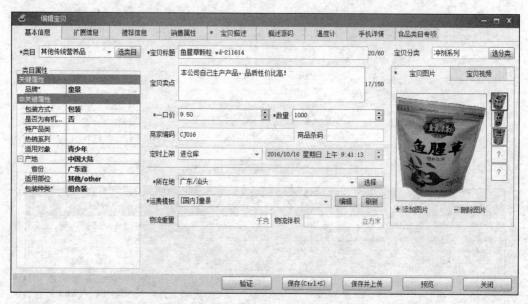

图 4-5-4　操作步骤示意图（4）

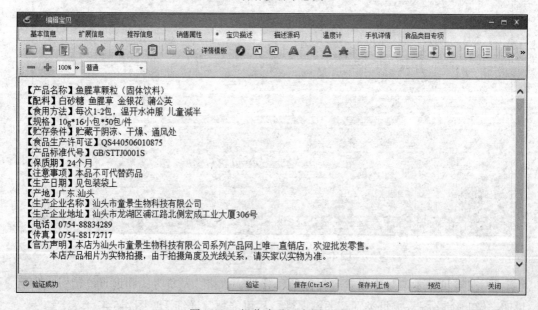

图 4-5-5　操作步骤示意图（5）

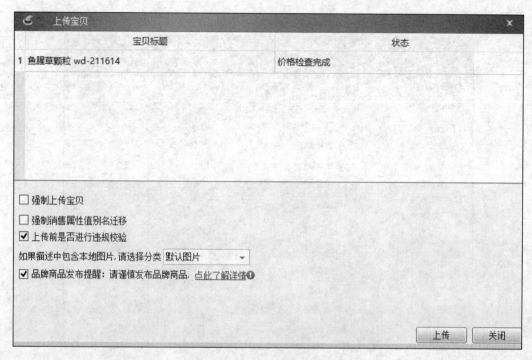

图 4-5-6　操作步骤示意图（6）

3）批量编辑店铺宝贝。淘宝助理包含"批量编辑"功能，如果店铺中的商品过多，就可以使用该功能来进行批量修改。

① 勾选要批量编辑的宝贝前的复选框，见图 4-5-7。

	宝贝标题 ▼	价格（元）▼	数量 ▼	状态 ▼	商家编码 ▼	无线描述	类目 ▼	店铺分类
1	☑ 鱼腥草颗粒...	9.50	1000	⊗上传错误：…	CJ016	有	其他传统营养品	冲剂系列
2	☑ 银花黑豆颗...	12.50	1000	正常	CJ011	有	其他传统营养品	冲剂系列
3	☑ 钙糖片（儿...	28.00	1000	正常	GP001	无	其他传统营养品	钙片系列
4	☐ 金银花颗粒	9.50	1000	正常	CJ018	有	其他传统营养品	冲剂系列
5	☐ 老姜茶颗粒	12.50	1000	正常	CJ012	有	其他传统营养品	冲剂系列
6	☐ 童景姜冬夏...	12.50	1000	正常	CJ004	有	其他传统营养品	冲剂系列
7	☐ 童景夏桑菊...	12.50	1000	正常	CJ005	有	其他传统营养品	冲剂系列

图 4-5-7　操作步骤示意图（7）

② 单击"批量编辑"按钮，可以批量编辑很多信息。例如，要批量修改宝贝名称，只需执行"标题"→"宝贝名称"命令后就可以对选择的宝贝进行批量改名，见图 4-5-8。修改完成后单击"保存"按钮，见图 4-5-9，当然也可以先单击"预览"按钮，满意后

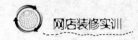

再单击"保存"按钮。

图 4-5-8　操作步骤示意图（8）

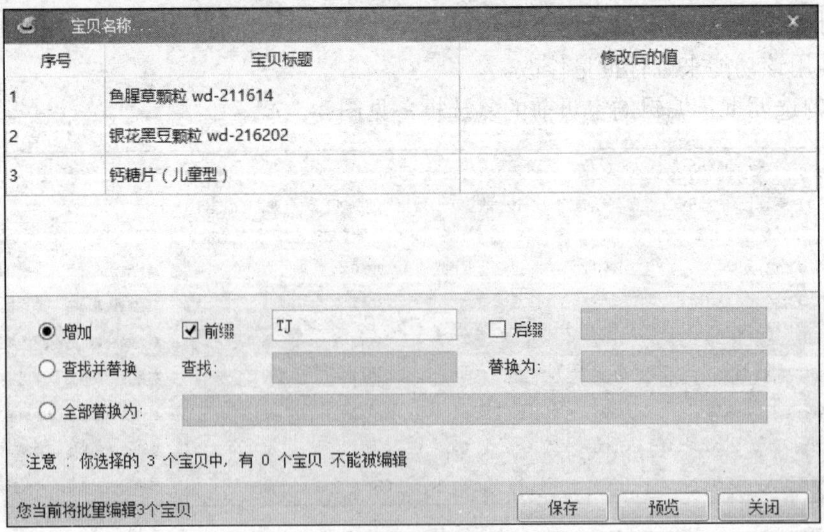

图 4-5-9　操作步骤示意图（9）

实操训练

1. 案例分析

在搜索引擎中查找相关网店工具，熟悉其操作方法与方式，必须使用京东商家助手软件。

2. 同步实训

【业务背景】依据网店装修需要，业务员小周要使用常用的网店管理系统对网店进行独立设置。

【实训要求】根据要求使用网店管理系统管理网店。

【实训内容】

1）下载、安装并登录京东商家助手，见图 4-5-10。

图 4-5-10　京东商家助手

2）练习操作京东商家助手，并对比其功能与淘宝助手的区别。

参 考 文 献

杜清萍，2010. 商务办公软件与设备应用实训教程. 北京：科学出版社.

恒盛杰资讯，2011. 打造人气淘宝店：网上开店、装修与交易全程实录. 北京：科学出版社.

胡冬申，2015. 淘宝网店实战宝典. 北京：北京联合出版公司.

王红卫，2014. 网店装修就这么几招. 北京：清华大学出版社.